职业技术·职业资格培训教材

四级
第3版

ENTERPRISE HUMAN
RESOURCE PROFESSIONAL

企业人力资源管理师
职业技能鉴定辅导练习

编审委员会

主　　任　张　岚　黄卫来
委　　员　顾卫东　葛恒双　孙兴旺　葛　玮　李　晔　刘汉成
执行委员　李　晔　瞿伟洁　夏　莹　张亚平　任余礼

编审人员

主　　编　任余礼
编　　者　张亚平　林志军　刘　荣
主　　审　李旭旦

中国劳动社会保障出版社

图书在版编目(CIP)数据

企业人力资源管理师（四级）职业技能鉴定辅导练习/人力资源和社会保障部教材办公室等组织编写. -- 3 版. -- 北京：中国劳动社会保障出版社，2018

1＋X 职业技术·职业资格培训教材

ISBN 978-7-5167-3398-1

Ⅰ. ①企…　Ⅱ. ①人…　Ⅲ. ①企业管理-人力资源管理-职业培训-习题集　Ⅳ. ①F272. 92-44

中国版本图书馆 CIP 数据核字(2018)第 059800 号

中国劳动社会保障出版社出版发行

（北京市惠新东街 1 号　邮政编码：100029）

*

三河市华骏印务包装有限公司印刷装订　新华书店经销

787 毫米×1092 毫米　16 开本　7. 5 印张　139 千字

2018 年 4 月第 3 版　　2023 年 9月第 7 次印刷

定价：19. 00 元

营销中心电话：400-606-6496

出版社网址：http://www. class. com. cn

内 容 简 介

本辅导练习由人力资源和社会保障部教材办公室、中国就业培训技术指导中心上海分中心、上海市职业技能鉴定中心依据上海 1+X 企业人力资源管理师（四级）职业技能鉴定细目组织编写，是《1+X 职业技术·职业资格培训教材——企业人力资源管理师（四级）第 2 版》（以下简称“教材”）的配套用书，为读者学习教材核心内容，检验所学知识和技能提供有益的帮助。

本辅导练习按单元进行编写，每一单元与教材中的各个篇相对应，提供有针对性的辅导练习题。辅导练习题配有答案，便于读者检验和巩固所学的内容。为方便读者熟悉企业人力资源管理师（四级）的鉴定考核形式，本辅导练习最后提供了企业人力资源管理师（四级）鉴定方案，并提供了相应的模拟试卷、参考答案及评分细则，以便读者对自己学习、掌握知识和技能的总体情况有一个正确的认识。

本辅导练习可作为企业人力资源管理师（四级）职业技能培训与鉴定考核的辅导练习用书，也可供全国中高等职业院校相关专业学生，以及相关从业人员参加四级企业人力资源管理师岗位培训、就业培训使用。

改版说明

《1+X职业技术·职业资格培训教材——人力资源管理员职业技能鉴定辅导练习》自2008年出版以来深受从业人员的欢迎，在企业人力资源管理师（四级）职业资格鉴定、职业技能培训和岗位培训中发挥了很大的作用。

2014—2015年，根据人力资源管理理论发展和国内实践的最新情况，以及人力资源政策法规的变化，人力资源和社会保障部教材办公室、中国就业培训技术指导中心上海分中心、上海市职业技能鉴定中心重新编写了第2版教材和辅导练习。

近年来，随着社会的发展和经济形势的变化，人力资源管理的价值日益凸显，“人力资源是第一资源”这一概念已经深入人心，人力资源管理是企业发展战略得以实现的基础和保证。为了使学员更好地掌握重点，与时俱进，本次对第2版辅导练习进行修订。本次修订广泛听取了学员、培训师和业内专家的意见，在两个方面做了内容调整：一是适应2015年以来相关政策法规的变化，深入透彻地检验人力资源管理的理论与实践；二是调整、修订和增加了部分技能案例题和模拟题，推动人力资源管理理论和实践的结合，更突出重点。

希望第3版辅导练习能更有效地帮助读者学习教材的核心内容，并且检验所学知识与技能的掌握程度。

前　言

职业培训制度的积极推进，尤其是职业资格证书制度的推行，为广大劳动者系统地学习相关职业的知识和技能，提高就业能力、工作能力和职业转换能力提供了可能，同时也为企业选择适应生产需要的合格劳动者提供了依据。

随着我国科学技术的飞速发展和产业结构的不断调整，各种新兴职业应运而生，传统职业中也愈来愈多、愈来愈快地融进了各种新知识、新技术和新工艺。因此，加快培养合格的、适应现代化建设要求的高技能人才就显得尤为迫切。近年来，上海市在加快高技能人才建设方面进行了有益的探索，积累了丰富而宝贵的经验。为优化人力资源结构，加快高技能人才队伍建设，上海市人力资源和社会保障局在提升职业标准、完善技能鉴定方面做了积极的探索和尝试，推出了1+X培训与鉴定模式。1+X中的1代表国家职业标准，X是为适应经济发展的需要，对职业的部分知识和技能要求进行的扩充和更新。随着经济发展和技术进步，X将不断被赋予新的内涵，不断得到深化和提升。

上海市1+X培训与鉴定模式，得到了国家人力资源和社会保障部的支持和肯定。为配合上海市开展的1+X培训与鉴定的需要，人力资源和社会保障部教材办公室、中国就业培训技术指导中心上海分中心、上海市职业技能鉴定中心联合组织有关方面的专家、技术人员共同编写了职业技术·职业资格培训系列教材。

职业技术·职业资格培训教材严格按照1+X鉴定考核细目进行编写，教材内容充分反映了当前从事职业活动所需要的核心知识与技能，较好地体现了适用性、先进性与前瞻性。聘请编写1+X鉴定考核细目的专家和相关行业的专家参与教材的编审工作，保证了教材内容的科学性及与鉴定考核细目、题库的紧密衔接。

职业技术·职业资格培训教材突出了适应职业技能培训的特色，使读者通过学习与培训，不仅有助于通过鉴定考核，而且能够有针对性地进行系统学习，真正掌握本职业的核心技术与操作技能，从而实现从懂得了什么到会做什么的飞跃。

职业技术·职业资格培训教材立足于国家职业标准，也可为全国其他省市开展新职业、新技术职业培训和鉴定考核，以及高技能人才培养提供借鉴或参考。

新教材的编写是一项探索性工作，由于时间紧迫，不足之处在所难免，欢迎各使用单位及个人对教材提出宝贵意见和建议，以便教材修订时补充更正。

人力资源和社会保障部教材办公室
中国就业培训技术指导中心上海分中心
上海市职业技能鉴定中心

目　录

1

第一单元

人力资源规划

一、学习要求

通过本篇的学习，学员应掌握人力资源规划和组织的基本概念和理论知识；了解人力资源管理的职能、人力资源规划的内容，以及工作分析概念、作用和实施步骤；掌握工作分析的常用方法。

二、职业鉴定考核要点

【理论知识部分】

鉴定范围	鉴定点	知识点	重要系数
人力资源规划概述	人力资源管理概述	人力资源及其构成	5
		人力资源管理的内涵与意义	
		人力资源管理的职能	
	人力资源规划概念与功能	人力资源规划概念与内容	5
		人力资源信息的收集	
	人力资源信息系统	人力资源信息系统的概念	5
		人力资源信息系统的功能层次与应用	
组织与组织结构	组织概述	组织的本质	5
		正式组织与非正式组织	
		组织的基本要素	
	组织结构概念与类型	组织结构的概念	5
		组织结构的类型	
工作分析基础	工作分析概述	工作分析的基本概念	9
		工作分析的作用	
		工作分析的内容	
		工作分析的流程	
	工作分析基本方法	观察法	9
		访谈法	
		问卷调查法	
		关键事件法	
		工作日志法	
		工作实践法	
		交叉反馈法	

【技能部分】

序号	鉴定内容	重要系数
1	人力资源信息采集	5
2	人力资源系统应用	5
3	制作组织结构图	9
4	工作分析调查	9

三、练习题

【理论知识部分】

(一) 判断题（下列判断正确的请打“√”，错误的打“×”）

1. 人力资源是生产活动中最活跃的因素，也是一切资源中最重要的资源，被经济学家称为第一资源。（　　）

2. 人力资源的质量是人力资源所具有的体力、智力、知识和技能水平，以及劳动者的劳动态度。（　　）

3. 人力资源是指能够推动国民经济和社会发展的、具有智力劳动和体力劳动能力的人的总和，它包括数量和质量两个方面。（　　）

4. 传统人事管理主要集中于企业的人事管理，即按照国家劳动人事政策和上级主管部门发布的劳动人事管理规定、制度对职工进行管理，人事部门具有人事制度的调整权限。（　　）

5. 人力资源管理更加注重人在组织中的作用，把人作为重要的生产资源看待，管理的形式和目的是“控制人”。（　　）

6. 通过企业文化、信息沟通、人际关系、矛盾冲突化解等有效整合，使企业内部的个体、群众的目标、行为、态度趋向企业的要求和理念，是人力资源管理的发展职能。（　　）

7. 在人力资源管理中，评价职能的核心是工作评价。（　　）

8. 人力资源规划是企业根据其战略目标、发展战略及内外部具体环境的情况，以科学规范的方法，进行人力资源需求和供给的分析预测，编制相应的吸引、保留、使用和激励方案，为组织的发展提供其所需要的员工，以完成组织发展目标的过程。（　　）

9. 在所有人力资源管理活动中，企业工作分析起着直接而具体的指导作用，人力资源规划则为这些工作的施行提供了基础资料和基本要求。（　　）

10. 人力资源信息收集要符合准确性、及时性和有效性原则。（　　）

11. 人力资源管理信息系统（HRIS）是指一个由具有内部联系的各模块组成的，能够用来收集、处理、储存和发布人力资源管理信息的系统。（　　）

12. 组织是人的行为构成的系统，是按一定的方法进行调整的人的活动和行为的相互

关系。（　　）

13. 组织的本质表现为进行协作活动的人组成的系统，在这个系统中存在个人目标和组织目标，员工个人目标和正式组织的目标往往是一致的。（　　）

14. 当正式组织运行正常并取得成功时，它的目标就能实现。这时，这个正式组织是"有效率"的。（　　）

15. 组织的"效率"是组织存在的必要条件。（　　）

16. 组织的"效率"是指组织中成员个人目标的实现程度。（　　）

17. 正式组织是人们在共同的工作过程中自然形成的以感情、喜好等情绪为基础的群体。（　　）

18. 非正式组织有自己的行为准则和规范。（　　）

19. 非正式组织的存在一般对正式组织产生消极的影响。（　　）

20. 正式组织的规模越小，其成员的协作意愿越弱。（　　）

21. 个人之所以对组织的共同目标做出贡献，并不是因为组织的共同目标就是其个人目标，而是因为组织的共同目标的实现有利于其个人目标的实现。（　　）

22. 简而言之，组织结构就是对工作任务进行分工、分组和协调合作。（　　）

23. 企业组织单位、部门和岗位的设置，简而言之，就是把一个企业组织分成几个部分。（　　）

24. 按管理职能实行专业分工管理的原则设立机构，各职能机构承担不同的职责，并对下级机构实行专业管理的组织结构类型是直线职能型。（　　）

25. 矩阵制组织结构的主要缺点之一是项目负责人的责任大于权力。（　　）

26. 工作分析又可以叫作职位分析、职务分析、工作研究或岗位研究。（　　）

27. 工作分析指收集所有与职位相关的信息，以科学和系统的方法确定某职务的性质、职责、任务和要求，决定一项工作应包含的工作项目及从事此项工作的必备知识、技术和能力，并提供与职务本身要求相关的其他信息。（　　）

28. 分内应做的事，即员工在职务规定的范围内应尽责尽职、保质保量地完成任务，叫作职责。（　　）

29. 行为是对某人做某事的具体描述，即一位员工完成的一项具体工作，如打印文件、从卡车上卸货等。（　　）

30. 职位又称岗位。（　　）

31. 某人担负的一项或数项相互联系的职责集合，即一个人要完成的一组任务，叫作职务。（　　）

32. 职务是由责任、工作内容相似的一组职位构成的，其完成工作所需的条件一样。职务实际上与工作是同义的。（　　）

33. 不同的时间、不同的组织中，工作要求相似或职责平行（相似、相当）的职位集合，叫作职务。（　　）

34. 岗位与人应该是一一对应关系。（　）

35. 组织的战略发展目标和年度任务需要层层落实到部门，进而落实到个人的岗位上，称为逐步分解过程。（　）

36. 工作过程分析是指组织中、各岗位之间有内在的联系，通过此种联系形成组织统一的岗位体系来完成组织的功能和目标。（　）

37. 工作分析的主要目的就是撰写工作说明书。（　）

38. 工作分析信息收集方法中的观察法，比较适合以脑力劳动为主的工作和处理紧急情况的间歇性工作。（　）

39. 职务与在位的人不是一一对应关系。（　）

40. 观察法比较适合主要以身体活动为主的工作。（　）

41. 在群体访谈时，为了避免受访者有顾虑，需要请受访者的上级主管人员在场。（　）

42. 关键事件法适合描述日常工作。（　）

43. 可有效完成全面的工作分析是关键事件法的优点。（　）

44. 员工是否能支配或者控制关键行为的后果属于关键事件描述内容之一。（　）

45. 关键事件是使工作成功或失败的行为特征或事件（如盈利与亏损、高效与低产等）。（　）

46. 工作日志法是指由工作者在一段时间内定期记下工作的细节，包括时间、方法、工作内容、工作程序等，以此了解工作的性质。（　）

47. 工作实践法又称工作参与法，是指岗位分析人员直接参与某一岗位的工作，从而细致、全面地体验、了解和分析岗位特征及岗位要求的方法。（　）

48. 交叉反馈法需要工作分析专家与从事被分析岗位工作的骨干人员或其主管人员交谈、沟通。（　）

49. 工作实践法受分析人员本身的知识与技术的影响较大。（　）

50. 调查问卷可以分为普遍问卷与特定问卷。（　）

（二）单项选择题（下列每题的选项中，只有1个是正确的，请将其代号填在括号内）

1. 下列关于现代人力资源管理的描述，不正确的是（　）。

A. 视员工为有价值的重要资源

B. 管理的目的在于保障组织短期目标的实现

C. 满足员工自我发展的需要，保障组织长远利益的实现

D. 人力资源处于决策层的地位

2. 下列关于传统人事管理的描述，不正确的是（　）。

A. 视员工为成本负担

B. 人力资源部是生产与效益部门

C. 管理的目的在于保障组织短期目标的实现

D. 以事为中心的管理模式

3. 通过薪酬、考核、晋升等一系列管理活动，保持员工的积极性、主动性、创造性，维护劳动者的合法权益，是人力资源管理的（　　）职能。

A. 获取　　B. 整合　　C. 保持　　D. 评价

4. 通过员工培训、工作丰富化、职业生涯规划与开发，促进员工知识、技能和其他方面素质的提高，是人力资源管理的（　　）职能。

A. 获取　　B. 整合　　C. 保持　　D. 发展

5. 人力资源管理评价职能的核心是（　　）。

A. 工作评价　　B. 绩效考核　　C. 满意度调查　　D. 工作分析

6. 人力资源信息收集的工作包括：①确定信息收集的要求和目的；②确定信息收集的对象；③拟订调查提纲，明确调查内容；④信息收集的实施计划。其先后顺序为（　　）。

A. ①②③④　　B. ②①③④　　C. ③①②④　　D. ④①②③

7. 人力资源信息收集的方法主要有普查法、重点调查法、典型调查法和（　　）等。

A. 抽样调查法　　B. 分类统计法　　C. 调查问卷法　　D. 专家小组法

8. 人力资源信息收集的主要方法中，不宜经常使用的是（　　）。

A. 普查法　　B. 重点调查法　　C. 典型调查法　　D. 抽样调查法

9. 员工个人属性数据，又称为员工信息，属于人力资源信息管理系统中的（　　）。

A. 基础数据层　　B. 业务处理层　　C. 决策支持层　　D. 管理实施层

10. 单位数据，如组织结构、职位设置、工资级别、管理制度等，属于人力资源信息管理系统中的（　　）。

A. 基础数据层　　B. 业务处理层　　C. 决策支持层　　D. 管理实施层

11. 薪资数据、绩效考核数据、培训数据、考勤休假数据等，属于人力资源信息管理系统中的（　　）。

A. 基础数据层　　B. 业务处理层　　C. 决策支持层　　D. 管理实施层

12. 产品简单、规模较小、技术工艺单一的企业，最适合采用（　　）组织类型。

A. 职能型　　B. 直线型　　C. 事业部型　　D. 矩阵型

13. 流程型材料生产企业（如钢铁、化工等企业）常采用（　　）组织类型。

A. 职能型　　B. 直线型　　C. 事业部型　　D. 矩阵型

14. 产品品种多而且变化大的企业或以开发与科学实验研究为主的单位适宜采用（　　）组织类型。

A. 职能型　　B. 直线型　　C. 事业部型　　D. 矩阵型

15. 在进行工作分析时，观察法与（　　）结合使用的效果比较好。

A. 访谈法　　B. 关键事件法

C. 工作日志法　　D. 工作实践法

16. 由具有共同特点的一组职务组成的是（　　）。
A. 职位　B. 工作义务　C. 职业　D. 职能

17. 员工在某一方面担负的一项或多项相互联系的任务集合，同时员工有义务完成这些任务，是工作分析中的（　　）。
A. 职责　B. 职务　C. 职业　D. 职能

18. 履行特定任务和职责必须承担的义务，是工作分析中的（　　）。
A. 职责　B. 职务　C. 职业　D. 工作义务

19. 工作分析中，（　　）的概念指具体的动作，如打印文件。
A. 行为　B. 任务　C. 职责　D. 工作义务

20. 年度和项目的绩效，是工作分析的（　　）阶段的工作。
A. 工作任务和职责分析　B. 工作关系分析
C. 工作投入分析　D. 工作产出分析

21. 上下级汇报关系、同级协作关系，是工作分析的（　　）阶段的工作。
A. 工作任务和职责分析　B. 工作关系分析
C. 工作投入产出分析　D. 工作过程分析

22. （　　）的成本较低，且能快速获取信息。
A. 问卷调查法　B. 关键事件法　C. 工作日志法　D. 工作实践法

23. 要求分析人员、管理人员、本岗位员工将工作过程中的“关键事件”详细地加以记录，是工作分析中的（　　）。
A. 工作日志法　B. 关键事件法　C. 工作实践法　D. 问卷调查法

24. 工作日志法与（　　）结合使用，效果较好。
A. 访谈法　B. 工作任务法　C. 关键事件法　D. 工作实践法

25. 工作参与法只适用于（　　）。
A. 短期内可掌握的工作、专业性不是很强的职位
B. 有危险性的工作
C. 发展变化较快的企业
D. 关键事件

（三）多项选择题（下列每题的选项中，至少有2个是正确的，请将其代号填在括号内）

1. 人力资源管理在企业中的地位和作用日益突出，主要表现在（　　）等方面。
A. 应对经济全球化和市场经济时代的不确定性给企业带来的冲击
B. 应对企业组织内部结构变化给企业带来的冲击
C. 应对企业管理方式变化给企业带来的冲击
D. 应对国家的法律法规和政策对企业经营管理带来的变化
E. 人力资源部在企业的权力越来越大

2. 外部环境对企业人力资源的影响因素主要包括（　　）。
A. 国家的法律法规和政策　　B. 科学技术的迅猛发展
C. 企业对优秀人才的竞争　　D. 所处行业的发展阶段
E. 员工流失率

3. 企业组织内部结构和管理方式变化对企业人力资源管理带来的影响主要包括（　　）。
A. 退休、辞职、辞退等现象会导致员工数量减少
B. 外部市场招聘的人员会导致员工数量和结构发生变化
C. 人员流动和内部调动影响员工结构发生变化
D. 组织结构调整引起员工工作岗位和职能的变化
E. 员工技能变化

4. 人力资源管理的职能包括（　　）。
A. 获取　　B. 整合　　C. 保持
D. 评价　　E. 辞退

5. 人力资源管理的获取职能包括（　　）等工作。
A. 工作分析　　B. 人力资源规划
C. 招聘　　D. 选拔与配置
E. 绩效考核

6. 人力资源管理的保持职能包括（　　）等工作。
A. 公平的报酬　　B. 有效的绩效考核
C. 提供晋升通道　　D. 保持健康安全的工作环境
E. 内部招聘

7. 企业人力资源管理工作的基础和依据是（　　）。
A. 人力资源规划　　B. 企业工作分析
C. 绩效管理　　D. 薪酬管理
E. 培训开发

8. 人力资源规划由（　　）等工作构成。
A. 人力资源管理计划　　B. 人力资源开发计划
C. 人力资源规划实施　　D. 人力资源制度建设
E. 人力资源财务制度建设

9. 人力资源业务计划包括（　　）等活动。
A. 人员补充计划　　B. 人员分配计划
C. 人员提升和教育培训计划　　D. 工资计划
E. 保险福利计划

10. 人力资源信息的来源途径包括（　　）等。

A. 文档信源　　B. 数据库存信源
C. 权威机构信源　　D. 网络信源
E. 领导推荐

11. 一套典型的人力资源管理信息系统从功能结构上可分为（　　）等。
A. 基础数据层　　B. 业务处理层　　C. 决策支持层
D. 管理实施层　　E. 网络实施层

12. 人力资源管理信息系统应用领域包括（　　）。
A. 招聘　　B. 员工培训　　C. 绩效考核
D. 员工沟通　　E. 校园招聘

13. 非正式组织对正式组织产生的积极作用包括（　　）等。
A. 非正式组织具有促进信息传递的机能
B. 非正式组织具有通过影响组织成员的协作意愿来维护正式组织内部团结的机能
C. 非正式组织具有保护个人人格和自尊心的机能
D. 非正式组织具有加强团队合作的作用
E. 非正式组织可以促进正式组织的完善

14. 组织的基本要素包括（　　）等。
A. 组织成员愿意为组织的目标做出贡献
B. 具有共同的目标
C. 有效的信息沟通
D. 经费保障组织的正常运作
E. 组织具有地域绑定性

15. 组织中的信息联系遵循（　　）等原则。
A. 使信息沟通的渠道惯例化，即尽可能地使之固定化
B. 每个人必须同组织有明确的正式关系
C. 信息沟通中的各级管理人员必须称职，要具有综合的工作能力
D. 每个信息沟通都必须是权威的
E. 保持单通道信息

16. 企业组织结构包含（　　）。
A. 单位　　B. 部门　　C. 个人
D. 岗位设置　　E. 工作分析

17. 公司内部组织的类型主要有（　　）等。
A. 职能型　　B. 链式组织型　　C. 事业部型
D. 矩阵型　　E. 非正式型

18. 工作分析的作用包括（　　）。

A. 是企业招收、选拔和使用员工的基本前提

B. 为企业贯彻按劳分配原则、公平合理地支付劳动报酬提供了可靠的保证

C. 为企业准确地编制劳动计划、核算成本提供了依据

D. 使企业员工明确了自己的职责

E. 找出员工技能的缺陷

19. 工作分析内容主要包括工作任务和职责分析、（　　）等。

A. 工作性质分析　　B. 工作投入产出分析

C. 工作权限分析　　D. 工作关系分析

E. 工作环境条件分析

20. 常用的工作分析信息收集方法包括观察法、访谈法、（　　）等。

A. 问卷调查法　　B. 关键事件法　　C. 工作日志法

D. 工作实践法　　E. 网络数据库法

21. （　　）属于关键事件的描述内容。

A. 导致事件发生的原因和背景

B. 员工特别有效或者多余的行为

C. 员工是否能支配或者控制关键行为的后果

D. 偶发但是影响巨大的事件

E. 对绩效考核结果有影响的事件

22. 关键事件法的优点包括（　　）。

A. 将关注焦点集中在工作行为上

B. 能够深入了解工作的动态性

C. 记录的信息应用性强

D. 可以确定行为任何可能的利益和作用

E. 可以马上确定员工的绩效结果

23. 关键事件法要求（　　）等人员将工作过程中的“关键事件”详细地加以记录。

A. 分析人员　　B. 管理人员　　C. 本岗位员工

D. 外部专家　　E. 公司领导

24. 不适合发展变化较快、职位职责还未定型的企业的工作分析方法是（　　）。

A. 问卷调查法　　B. 关键事件法

C. 工作日志法　　D. 工作实践法

E. 网络调研法

25. 交叉反馈法的优点包括（　　）。

A. 工作规范描述准确，可执行性强

B. 工作关系图、工作流程的描述相对清晰

C. 能够较好地与实际工作相吻合

D. 反馈周期较短

E. 成本低

【技能部分】

(一)项目策划题

案例背景

王强是公司人力资源部经理,最近为了产品制造车间招聘工程师的事情而烦恼。

事情的经过是:上个月,产品制造车间的李经理要招聘一名工程师。本月月初,王强找来了4位候选人,其中一位是重点大学机械专业毕业的优秀生,但是4位候选人都被李经理否决了。李经理还抱怨人力资源部工作不力,影响了制造车间使用新设备的进度。

王强问李经理:"为你提供的4位面试人选,都满足工作说明书中规定的要求,但你为什么全部否决了?"

李经理回答:"我不知道什么工作说明书,这几位应聘人员,要么与实际工作要求不相符,要么没掌握新型数控机床技术。"

案例思考

1. 简述该公司招聘工作的主要问题。

2. 请谈谈工作分析的作用和步骤。

(二)案例分析题

案例背景

蚂蚁网络是一个大学生创业项目,李强是公司的创始人。公司初创时一共有5人,李强担任总经理,负责公司的日常管理、市场销售、公司财务等。另外4个合伙人主要负责送货。由于公司坚持针对大学生的需求开展经营活动,赢得了良好的口碑,公司业务发展很快。

经过几年的发展,目前蚂蚁网络的服务网络已经覆盖当地整个大学城,拥有稳定的客户群,员工人数也从最初的5人增加到50多人。公司的业务量逐步扩大,李强感到有点力不从心了,因为他这个总经理什么事情都要管,如员工安排、资金划拨、供货商确定、客户的投诉。李强每天应付日常管理的事情已经筋疲力尽,再也无暇顾及公司发展的长远规划。

案例思考

1. 蚂蚁网络公司的组织结构遇到了什么问题?

2. 李强应采用哪种组织结构?分析该组织结构的优缺点。

四、参考答案

【理论知识部分】

（一）判断题

1. √ 2. √ 3. √ 4. × 5. × 6. × 7. × 8. √ 9. × 10. × 11. √ 12. √ 13. × 14. × 15. × 16. √ 17. × 18. √ 19. × 20. × 21. √ 22. √ 23. × 24. × 25. √ 26. √ 27. √ 28. × 29. × 30. √ 31. × 32. √ 33. × 34. √ 35. √ 36. × 37. √ 38. × 39. √ 40. √ 41. √ 42. × 43. × 44. √ 45. √ 46. × 47. √ 48. √ 49. √ 50. √

（二）单项选择题

1. B 2. B 3. C 4. D 5. B 6. A 7. A 8. A 9. A 10. A 11. B 12. B 13. C 14. D 15. A 16. C 17. A 18. D 19. B 20. D 21. B 22. A 23. B 24. A 25. A

（三）多项选择题

1. ABCD 2. ABC 3. ABCD 4. ABCD 5. ABCD 6. ABCD 7. ABC 8. ABC 9. ABCD 10. ABCD 11. ABC 12. ABCD 13. ABC 14. ABC 15. ABCD 16. ABD 17. ACD 18. ABCD 19. BCDE 20. ABCD 21. ABC 22. AD 23. ABC 24. ABCD 25. ABC

【技能部分】

（一）项目策划题

答题思路

1. 招聘工作存在的主要问题

对要求招聘的岗位缺乏足够的工作分析和职位描述。

2. 工作分析的作用和步骤

（1）作用

1）企业招聘、选拔和使用员工的基本前提。

2）企业贯彻按劳分配原则、公平合理地支付劳动报酬的保证。

3）企业准确编制劳动计划、核算成本的依据。

4）使企业员工明确自己的职责。

（2）步骤

1）明确工作分析的目的和任务。

2）收集足够的信息资料。

3）工作现场调研。

4）信息资料的分析。

5）工作岗位说明书的撰写。

6）定期修订工作岗位说明书。

（二）案例分析题

答题思路

1. 蚂蚁网络公司遇到的问题

公司业务发展快速，规模扩大后，未建立与之匹配的组织结构。

2. 组织结构的选择与优缺点分析

可采用直线职能制。

优点是：分头管理，职能清晰。总经理既能掌握全局，又能对不同部门实现专业管理。

缺点是：各部门之间协调工作量会增大。

2

第二单元

招聘与配置

一、学习要求

通过本单元的学习，学员应了解人员招聘的相关知识；掌握人员招聘的基本实施流程，招聘需求信息的采集、整理和发布；掌握人员初选、招聘面试的方法和程序等；掌握校园招聘的完整过程、主要招募方式和实施步骤。

二、职业鉴定考核要点

【理论知识部分】

鉴定范围	鉴定点	知识点	重要系数
人员招聘概述	人员招聘的概念和意义	人员招聘的概念	9
		人员招聘的意义	
	人员招聘的原则和特点	人员招聘的原则	5
		人员招聘的特点	
	人员招聘的基本流程	准备阶段	9
		招募阶段	
		甄选阶段	
		录用阶段	
		评估阶段	
	招聘需求信息的采集、整理和发布	招聘需求信息的采集与整理	5
		招聘需求信息的发布	
招聘初选	人员初选概述	人员初选的意义	9
		人员初选的方法	
	简历与申请表甄选	简历与申请表概述	5
		申请表的特点与内容	
		简历与申请表的甄选办法	
	面试概述和准备	面试的含义与特点	9
		面试的主要类型	
		面试的适用范围与内容	
		面试准备	
	人员背景调查	人员背景调查的含义与意义	5
		人员背景调查的类型与内容	
		人员背景调查的实施与注意事项	

续表

鉴定范围	鉴定点	知识点	重要系数
校园招聘	校园招聘的概念和特点	校园招聘的概念	9
		校园招聘的特点	5
	校园招聘的主要招募方式	各种校园活动	
		学生直接到组织中实践	
		奖学金制度或联合办学	9
	校园招聘的实施	做好充分的准备工作	
		选准招聘的学校和专业	
		做好校园招聘的面试工作	
		与学校建立良好的关系	
		选择并培训招聘人员	

【技能部分】

序号	鉴定内容	重要系数
1	招聘需求信息的采集与整理	9
2	招聘需求信息的发布	5
3	简历与申请表的筛选	9
4	面试的组织准备	9
5	人员的背景调查	5
6	校园招聘的组织管理	9

三、练习题

【理论知识部分】

（一）判断题（下列判断正确的请打“√”，错误的打“×”）

1. 人员招聘管理是组织人力资源管理的重要部分，属于人力资源输入环节。（ ）

2. 人员招聘是根据组织人力资源规划和工作分析的数量与质量要求，采用一定的方法吸纳或寻找具备任职资格和条件的求职者，并采取科学有效的选拔方法，筛选出符合本组织所需人才并予以聘用的管理活动。（ ）

3. 企业通过人才招聘活动，在招收到所需人才的同时，也能通过招聘工作的运作和招聘人员的素质向外界展示企业良好的形象。（ ）

4. 有效招聘可以推进组织内部合理的竞争意识和主动精神，通过合理的流动，增强员工的危机感，刺激员工内在潜力的发挥，有效地进行人员的优化配置。（ ）

5. 有效招聘就是指组织或招聘者在适宜的时间范围内采取适宜的方式实现人、部门、

组织三者的最佳匹配。（　）

6. 能岗匹配原则指尽可能地以最低的招聘费用，录用到高素质、适合组织需要的人员。（　）

7. 效率原则是指组织或招聘者在适宜的时间范围内，采取适宜的方式，实现人、职位、组织三者的最佳匹配。（　）

8. 公平公正原则是指组织可以按照自己的愿望自主地选择自己所需要的员工，而劳动者也完全可以按照自己的条件与要求自由地选择组织。（　）

9. 在招聘过程中，组织为了找到真正适合企业的高潜质人才，为了让应聘者适应和同化于本企业，招聘甄选呈现出越来越严格、但花费时间越来越短的趋势。（　）

10. 实践证明，能力很强的人如果与企业文化不能融合，对企业的发展也会有不利之处。（　）

11. 新技术的运用使招聘筛选和面试的时间越来越少，花费越来越少，筛选和面试的要求越来越严格。（　）

12. 招聘大致可以分为发布广告、招募、甄选、录用、签订合同等五个阶段。（　）

13. 工作规范通常包含招聘岗位的工作活动或工作职责。（　）

14. 岗位说明书规定了任职者完成工作应具备的资格，比较重视考察应聘者的知识、技能等基准性胜任特征。（　）

15. 招聘准备阶段的工作目标在于通过最小化的投入最大限度地获取符合要求的、足够数量的应聘者，为最终招聘到合适的人员提供基本的保障。（　）

16. 招聘招募阶段的工作目标是科学分析应聘者的综合素质，运用性价比最高的测评技术，有效地识别和评估应聘者，为最后的录用决策提供丰富的信息。（　）

17. 招聘人员处在社会的某一层次，根据招聘岗位的特点，向特定层次的人员发布招聘信息。（　）

18. 发布招聘信息的面越广，接收到该信息的人相应也越多，应聘的人也越多，这样可能招聘到合适人选的概率也越大。（　）

19. 人员初选是人员选拔过程中的初始阶段，即为精选阶段。（　）

20. 根据职业生涯的规律，判断个人的就职动机，通常31～40岁的人员会比较注重个人职业定位与发展。（　）

21. 根据职业生涯的规律，判断个人的就职动机，通常40岁以上的人员会比较注重工作的稳定性。（　）

22. 查看应聘者简历主观内容的目的在于，查看应聘者自我评价或描述是否适度，是否与工作经历描述中内容有相矛盾或不符、不相称的地方。（　）

23. 面试是通过面试官提问、应聘者回答的单向沟通方式评估应聘者的。（　）

24. 面试是应聘者了解招聘组织和岗位要求的双向选择过程。（　）

25. 招聘团队中，吸收有关部门人员参加，用人部门（业务部门）的意见将在很大程

度上起决定性作用。（　）

26. 半结构化面试由一系列连续向应聘者提出的与工作相关的问题构成，包括情景问题、工作知识问题、工作样本模拟问题、关键工作内容模拟问题、工作要求等五类。（　）

27. 结构化面试对所有应聘者均按同一标准进行，便于分析、比较，同时减少了主观性，但对面试官的要求较多。（　）

28. 非结构化面试的主要目的在于给应聘者充分发挥自己能力和潜力的机会。（　）

29. 非压力面试和压力面试中，压力面试使用较广。（　）

30. 面试是一种最常用的人员甄选方法，适用于所有岗位，因为能考察到应聘者所有的能力和素质。（　）

31. 应聘者顺序不当，也会造成招聘面试结果的偏差。（　）

32. 招聘者讲话过多会造成面试结果偏差，讲话少则不会有影响。（　）

33. 面试是专业性很强的甄选方式，为了保持信度和效度，面试过程应由人力资源部的人员占主导地位。（　）

34. 面试的准备工作从阅读岗位说明书开始。（　）

35. 心理面试通过向应聘者提供一种场景，来观察应聘者的行为反应。（　）

36. 行为描述式面试是基于行为的连贯性原理发展起来的面试方式，是一种采用专门设计的问题来预测应聘者在特定情况下行为的结构化面试方法。（　）

37. 结构化面试在面试之前已形成问题的清单和答案，对面试官要求较少。（　）

38. 结构化面试信度和效度较好，所收集的信息范围不受限制。（　）

39. 鉴定性面试是指上级主管对应聘者的过往工作经历进行鉴定。（　）

40. 工作态度和个人兴趣爱好也是面试的考察内容。（　）

41. 面试评价量表要注意，评价要素必须可以通过面试技巧获取，必须给评价者提供参考答案。（　）

42. 背景调查是指通过从外部求职者提供的证明人或其以前工作的单位收集资料，核实求职者个人资料的行为，需要在深入面试之前进行。（　）

43. 为了防止作假，在进行背景调查前，不宜告知应聘者。（　）

44. 对于一般职位的员工，根据其提供的联系方式，致电前任公司进行背景调查即可。（　）

45. 背景调查要坚决避免涉及个人隐私的问题，还要做好书面形式的记录，以作为是否录用该应聘者的依据。（　）

46. 校园招聘是一种特殊的外部招聘途径，狭义是指招聘组织（企业等）直接从学校招聘各类、各层次应届毕业生。（　）

47. 在校园招募的选择中，该校历届毕业生在本公司的业绩和服务年限不是重要的参考因素，因为过去不代表未来。（　）

48. 在选择招募学校和专业时，该学校或专业是否是公司总经理及其他高层管理人员的母校，并不是一个很重要的因素。 （　　）

49. 除了与大学的学生工作部门和人事部门建立良好关系之外，与教师或教授的关系目前被越来越看重，“教授计划”已成为校园招募的一种新形式。 （　　）

50. 校园招聘对于招聘人员来说比较简单，所以不需要招聘人员具备很高的测评面谈水平。 （　　）

（二）单项选择题（下列每题的选项中，只有1个是正确的，请将其代号填在括号内）

1. 员工招聘和甄选可以给组织带来活力，这主要表现为对高层管理者和（　　）的成功招聘，可以为组织注入新的管理思想、新的工作模式，可能给组织带来技术上的重大革新，为组织增添新的活力。

A. 部门经理　　B. 技术人员　　C. 一线工人　　D. 人力资源管理者

2. 有效招聘就是指组织或招聘者在适宜的时间范围内采取适宜的方式实现人、（　　）、组织三者的最佳匹配。

A. 部门　　B. 团队　　C. 职位　　D. 管理者

3. 人员招聘有两项基础性工作——人力资源规划和（　　），这两项工作也是人力资源管理中的基础工作。

A. 岗位设置　　B. 工作分析

C. 薪酬结构设置　　D. 招聘策略

4. 传统工作分析通过一系列的前期研究获得的结果包括岗位说明书和（　　）。

A. 工作规范　　B. 岗位设置　　C. 职能要求　　D. 薪酬结构水平

5. 对录用者进行体检是在（　　）阶段实施的工作。

A. 招募　　B. 甄选　　C. 录用　　D. 试用

6. 总结本次招聘工作的有效经验，发现过程中的不足，并为以后的招聘提出改进和完善的建议，从而提高以后招聘工作的效率和效果，是（　　）阶段的工作目标。

A. 甄选　　B. 录用　　C. 招募　　D. 评估

7. 由于企业实际工作的需要和业务的变化会导致人员需求的一定变化，对于这些需求的变化情况，往往需要（　　）根据对实际情况的分析迅速做出决定。

A. 人力资源部　　B. 用人部门

C. 用人部门和人力资源部　　D. 公司分管领导

8. 招聘需求信息的收集主要是从用人部门收集有关空缺职务的相关信息，可以从过去的在职人员、他（她）的上级、（　　）等处了解情况。

A. 员工工作手册　　B. 岗位说明书

C. 档案资料　　D. 与之相关的同事

9. 一般而言，中层管理人员以下的职位由（　　）商榷后决定。

A. 公司高层

B. 人力资源部负责人

C. 人力资源部和用人部门负责人

D. 用人部门负责人

10. 中层管理人员以上的职位由（　　）批准。

A. 公司高层

B. 人力资源部负责人

C. 人力资源部和用人部门负责人

D. 用人部门负责人

11. 一般来说，根据招聘区域选择规则，专业技术人员可以（　　）。

A. 在全国范围内招聘　　B. 跨国招聘

C. 跨地区招聘　　D. 在本地区招聘

12. 人员初选基本以（　　）作为测评的基础。

A. 笔试成绩　　B. 体检结果

C. 面试结果　　D. 求职者提供的一些书面信息

13. （　　）不是常用的人员初选方式。

A. 推荐信　　B. 简历　　C. 背景调查　　D. 笔试

14. 在简历或申请表的初选过程中，应聘者的年龄是一个重要因素。一般来说，比较注重个人职业定位与发展的应聘者年龄通常在（　　）。

A. 25 岁之前　　B. 26～30 岁

C. 31～40 岁　　D. 40 岁以上

15. 由心理学家或人力资源专家主持的，目的在于评价应聘者某种心理素质（如独立性、责任心）的面试，是（　　）。

A. 情境式面试　　B. 行为描述式面试

C. 心理面试　　D. 结构化面试

16. 行为描述式面试是基于行为的连贯性原理发展起来的面试方式，是一种采用专门设计的问题来（　　）的结构化面试方法。

A. 了解应聘者过去在特定情况下行为

B. 了解应聘者在设定情景下如何反应

C. 预测应聘者未来对特定情况的反应

D. 评价与比较应聘者的某种心理素质和空缺职位所期望的行为模式

17. 当某种心理素质对于一个职位特别重要时，多采用心理面试方法，一般在选择（　　）时使用。

A. 高级人才　　B. 技术人员　　C. 销售人员　　D. 管理人员

18. （　　）形成对面试的构成要素中有的内容做统一要求，而有的内容则不做统一规定的方式。

A. 结构化面试　　　　B. 半结构化面试
C. 非结构化面试　　　　D. 开放式面试

19. 上级主管和同事对应聘者的工作绩效所做的评定属于（　　）。
A. 压力面试　　　　B. 非压力面试
C. 鉴定性面试　　　　D. 普通面试

20. 情境式面试是（　　），是一种特殊形式。
A. 结构化面试　　　　B. 半结构化面试
C. 非结构化面试　　　　D. 压力面试

21. （　　）主要用于了解应聘者与未来行为相关的意向或倾向。
A. 情境式面试　　　　B. 行为描述式面试
C. 心理面试　　　　D. 人才测评

22. （　　）多用于销售人员、公关人员、高级管理人员的招聘。
A. 压力面试　　　　B. 非压力面试
C. 鉴定性面试　　　　D. 必理面试

23. 下列关于校园招聘面试的表达，不正确的是（　　）。
A. 应以笔试为主，面试为辅
B. 不要滥用压力面试
C. 要实事求是地介绍企业和职位情况
D. 要根据职位设计有效的行为性问题

24. （　　）不是面试可以考察的内容。
A. 专业知识　　　　B. 反应能力与应变能力
C. 人际交往能力　　　　D. 性格特质

25. 选择招募学校和专业的决定性因素中，比重最大的是（　　）。
A. 在关键技能领域的声望
B. 学校的总体声望
C. 原来从该校聘用员工的工作绩效
D. 先前的录用比例及就职比例

（三）多项选择题（下列每题的选项中，至少有 2 个是正确的，请将其代号填在括号内）

1. 在人力资源管理中，对于员工的招聘与甄选应给予高度重视，它的意义包括确保录用人员的质量，提高组织工作绩效和提升核心竞争能力，（　　）等。
A. 给组织带来活力　　　　B. 保留人力资源，降低流动率
C. 提高组织知名度　　　　D. 促进合理流动，优化资源配置
E. 提高人力资源部在其他部门中的威信

2. 为了最大可能地保证招聘工作的有效性，必须遵循（　　）。

A. 双向选择原则　　B. 公开公平竞争原则
C. 能岗匹配原则　　D. 能力优先原则
E. SMART（关键绩效指标体系）原则

3. 20世纪90年代以后，环境的变化推动组织的招聘思想和招聘实践出现了许多新的特点，这些变化主要包括（　　）。
A. 经济全球化导致企业间竞争程度加剧
B. 劳动者的就业稳定性受到很大挑战，导致高流失率
C. 招聘管理工作向战略化方向发展
D. 内部招聘得到很大的发展和重视
E. 员工对收入的期望值持续上升

4. 20世纪90年代以后，组织的招聘思想和招聘实践出现了许多新的特点，包括招聘营销策略不断创新、（　　）等。
A. 倡导以人为本的招聘理念　　B. 注重企业文化的匹配性
C. 甄选过程重点化和细化　　D. 网络招聘国际化趋势
E. 强调与竞争对手抢夺人才

5. 整个招聘过程大致可以分为（　　）等阶段。
A. 准备　　B. 招募　　C. 甄选
D. 录用　　E. 评估

6. 招募阶段是在准备阶段的基础上，结合组织内外部的环境，开展（　　）等工作。
A. 制订招聘计划　　B. 明确招聘策略
C. 选择招聘渠道　　D. 构建招聘团队
E. 进行简历筛选

7. 人员录用过程主要包括（　　）等。
A. 发放 offer（录用信）　　B. 办理录用手续
C. 签订劳动合同　　D. 员工试用
E. 正式录用

8. 招聘需求一般是由于（　　）等原因产生的。
A. 组织人力资源的自然减员　　B. 组织业务量的变化或业务范围的拓展
C. 组织结构、经营业务的调整　　D. 员工内部调动
E. 员工绩效考核低于预期

9. 人员招聘信息主要由（　　）组成。
A. 空缺职位　　B. 工作描述　　C. 任职资格
D. 薪资水平　　E. 管理制度

10. 招聘需求信息发布的原则包括（　　）。
A. 面广原则　　B. 及时原则　　C. 层次原则

D. 费用原则　　　E. 明确原则

11. 外部招募的主要方式包括广告招聘、人才市场招聘会、（　　）等。

A. 校园招聘　　　　　　　　B. 专业机构招聘
C. 网络招聘　　　　　　　　D. 岗位竞聘
E. 内部员工推荐

12. 内部招募是指组织采用（　　）等方式进行招聘。

A. 职位公告　　B. 岗位竞聘　　C. 部门推荐
D. 网络招聘　　E. 内部员工推荐

13. 组织可以设计适用的申请表格式，主要内容一般包括（　　）。

A. 个人基本资料　　　　　　B. 教育背景
C. 工作经验　　　　　　　　D. 能力资格和培训经历
E. 宗教信仰

14. 面试相对于初步甄选的方式而言，具有（　　）等特点。

A. 灵活性　　B. 双向性　　C. 直观性
D. 客观性　　E. 复杂性

15. 根据分类标准的不同，面试形式可以划分为不同的类型，包括（　　）。

A. 一对多面试　　B. 一对一面试　　C. 多对一面试
D. 多对多面试　　E. 小组讨论

16. 压力面试多用于（　　）等的招聘。

A. 销售人员　　　　　　　　B. 公关人员
C. 高级管理人员　　　　　　D. 技术人员
E. 车间操作工

17. 结构化面试的问题主要包括工作知识问题、（　　）等。

A. 情景问题　　　　　　　　B. 工作样本模拟问题
C. 关键工作内容模拟问题　　D. 工作履历问题
E. 家庭背景调查

18. 面试适合考察的内容包括仪容仪表、（　　）等。

A. 专业知识　　　　　　　　B. 工作经验
C. 表达能力　　　　　　　　D. 人际交往能力
E. 工作态度

19. 面试的准备工作包括准备资料和场地、（　　）等。

A. 成立面试小组　　　　　　B. 电话通知
C. 设计面试评价表　　　　　D. 培训面试官
E. 背景调查

20. 以调查对象和内容进行分类，背景调查可分为（　　）等。

A. 证明人核实　　B. 证明核实
C. 培训核实　　D. 组织核实
E. 机构核实

21. 背景调查的效果取决于（　　）等关键环节。
A. 是否要做背景调查　　B. 何时进行调查
C. 调查内容如何设计　　D. 调查如何操作
E. 愿意付出的调查费用有多高

22. 背景调查的意义和作用在于（　　）等。
A. 核实个人简历中的信息
B. 核查应聘者有无过失或严重违纪的行为
C. 发现关于应聘者简历以外的信息
D. 预测将来的绩效
E. 企业招聘流程形成闭环

23. 背景调查的内容通常包括（　　）等。
A. 教育和专业培训背景　　B. 职业资格和认证的信息
C. 工作职位、经验和成就　　D. 是否有犯罪经历
E. 与前雇主的劳动关系是否终结

24. 通常可以通过（　　）等途径获取背景调查的内容。
A. 学校学籍管理部门　　B. 应聘者历任雇佣公司
C. 档案管理部门　　D. 应聘者以前的客户
E. 应聘者的家人

25. 校园招聘的主要招募方式包括（　　）。
A. 开展各种校园活动　　B. 让学生直接到组织中实习
C. 奖学金制度　　D. 联合办学
E. 网络招聘

【技能部分】

（一）项目策划题

案例背景

培东公司是一家北欧服饰企业，2013年进入上海。公司非常看好中国市场，为了快速发展，建立有针对性的销售渠道，公司决定除了在社会上招聘有经验的销售人员，还需要到大学招聘一批有潜质的应届毕业生，以满足公司的业务需求。在招聘过程中，公司人力资源部将建立企业与各高校的长期合作关系，为公司快速发展储备人才。

根据公司发展要求，人力资源部计划在今年10月份启动校园招聘，赶在其他企业招聘工作的前面。于是人力资源部开始着手进行校园招聘的策划工作。

案例思考

1. 企业进行校园招聘的方式有哪些?

2. 人力资源部应该如何实施校园招聘?

(二)案例分析题

案例背景

随着业务的发展，明华公司计划开拓华北市场，需要招聘一名华北大区销售经理。人力资源部通过猎头、网络招聘等渠道最后确定了2名候选人，林某和李某。人力资源部王经理安排公司总经理面试候选人。

王经理认为候选人之一的林某不但是市场营销专业毕业，而且曾在一家大型消费品公司（平泽公司）担任大区销售经理的职位，是一名十分优秀的人才，所以他向总经理极力推荐，总经理面试后决定录用林某。

半年后，总经理把王经理找去，批评了他招聘工作不力。因为华北大区的市场营销工作一团糟，林某不但无法管理团队，而且也拿不出市场营销策划的有效方案，整个华北地区的开拓陷入僵局。总经理让王经理马上招聘新的大区销售经理，替换林某。

后来，王经理在一次聚会中遇到大学同学，其正好在平泽公司任职，提到林某，同学说林某不是什么大区销售经理，只是一个区域销售员。

案例思考

1. 明华公司在招聘大区销售经理工作中缺乏哪个环节?

2. 实施聘用人员背景调查有哪几种途径?

四、参考答案

【理论知识部分】

(一)判断题

1.√ 2.√ 3.√ 4.√ 5.× 6.× 7.× 8.× 9.× 10.√ 11.× 12.× 13.× 14.× 15.× 16.× 17.× 18.√ 19.× 20.× 21.√ 22.√ 23.× 24.√ 25.√ 26.× 27.× 28.√ 29.× 30.× 31.√ 32.× 33.× 34.√ 35.× 36.× 37.× 38.× 39.× 40.√ 41.× 42.× 43.× 44.√ 45.√ 46.√ 47.× 48.√ 49.√ 50.×

(二)单项选择题

1.B 2.C 3.B 4.A 5.C 6.D 7.C 8.D 9.C 10.A 11.C 12.D 13.D 14.B 15.C 16.A 17.A 18.B 19.C 20.A 21.A 22.A 23.A 24.D 25.A

（三）多项选择题

1. ABCD 2. ABC 3. ABC 4. ABCD 5. ABCDE 6. ABCD 7. BCDE 8. ABCD 9. ABC 10. ABC 11. ABC 12. ABC 13. ABCD 14. ABC 15. ABCD 16. ABC 17. ABC 18. ABCDE 19. ABC 20. ABC 21. BCD 22. ABCD 23. ABC 24. ABCD 25. ABCD

【技能部分】

（一）项目策划题

答题思路

1. 校园招聘的主要方式

（1）各种校园活动（校园招聘会、各类比赛、企业品牌宣讲会等）。

（2）安排学生开展社会实践活动（工作实习、参观访问、联系企业的管理培训生项目等）。

（3）奖学金制度或联合办学活动。

2. 企业实施校园招聘包括的工作

（1）做好充分的准备工作，制订一份校园招聘工作计划，编制各类宣传材料。

（2）根据企业的财务预算和需要的员工类型，选择目标学校和相关专业。

（3）做好校园招聘的面试和相关工作。

（4）与学校建立良好的互动关系。

（5）选择并培训招聘人员。

（二）案例分析题

答题思路

1. 明华公司在招聘工作中缺乏的环节

对于大区销售经理这样的关键岗位，缺乏聘用人员背景调查这一环节。

2. 聘用人员背景调查的途径

（1）从学校学籍管理部门了解情况。

（2）应聘者历任雇佣公司的在职情况。

（3）从档案管理部门了解情况。

（4）从应聘者所接触的客户或合作机构了解情况。

3

第三单元

培训与开发

一、学习要求

通过本单元的学习，学员应熟悉培训与开发的概念、类型和意义；掌握培训开发的操作技能，包括培训的整个流程、培训的主要方式方法、培训各阶段的工作内容和注意事项；掌握新员工入职培训的相关知识与技能。

二、职业鉴定考核要点

【理论知识部分】

鉴定范围	鉴定点	知识点	重要系数
培训与开发概述	培训与开发的概念、类型和意义	培训与开发的概念	9
		培训与开发的类型	
		培训与开发的意义	
	培训的基本流程	培训需求分析	9
		确立培训目标	
		制订培训计划	
		实施培训计划	
		评估培训效果	
培训实施	培训实施各阶段工作	培训准备工作	9
		培训过程工作	
		培训收尾工作	
	培训方法	信息传递式培训方法	5
		模拟式培训方法	
		在岗式培训方法	
		基于新技术的培训方法	
	新员工入职培训	新员工入职培训的含义	9
		新员工入职培训的意义	
		新员工入职培训的内容	
		新员工入职培训的方法	
		员工手册的基本内容	

【技能部分】

序号	鉴定内容	重要系数
1	员工培训组织管理	9
2	培训需求信息采集	5
3	培训效果信息采集	5
4	新员工入职培训管理	9

三、练习题

【理论知识部分】

(一) 判断题(下列判断正确的请打“√”,错误的打“×”)

1. 开发是给新员工或现有员工传授其完成本职工作所必需的基本技能。 ( )

2. 培训主要是指管理开发,指一切通过传授知识、转变观念或提高技能来改善当前或未来管理工作绩效的活动。 ( )

3. 培训侧重于企业通过外在需求加给员工的某些知识、技能,以适应企业发展的需要。 ( )

4. 培训与开发可以实现员工个人发展与企业发展的双向互动,这是一种共生共荣的良性互动关系,可以使员工与企业都得到很好的发展。 ( )

5. 按培训对象分,培训可分为决策人员培训、管理人员培训、技术人员培训、业务人员培训和操作人员培训。 ( )

6. 无论培训还是开发,都是企业有意识、有目的、有计划的活动。 ( )

7. 站在公司的生存角度来看,员工培训就是要把因员工知识不足、能力不足、态度不积极而产生机会成本的浪费控制在最小限度。 ( )

8. 在一定意义上,培训与开发是同等的概念,将它们划分为两个不同的阶段,两者之间侧重点相同。 ( )

9. 为了统一管理,给各类培训对象的培训内容需一致,但培训方式需根据不同对象有所不同。 ( )

10. 态度培训主要培养员工与公司相互之间的认同感、信任感,培养员工对公司的忠诚心,以及完成工作应当具备的心理素质等。 ( )

11. 知识培训使员工掌握完成本职工作所必备的技能,如谈判技能、操作技能、人际关系技能等。 ( )

12. 技能培训使员工掌握完成本职工作所必备的技能,如操作技能、人际关系技能等。 ( )

13. 一个完整的培训系统包括分析培训需求、制订培训计划和实施培训计划三个步骤。 ( )

14. 个人分析就是试图确定培训的内容，即员工达到令人满意的工作绩效所必须掌握的知识与技能。（　　）

15. 工作分析就是确定每一个员工完成所承担工作任务的效果。一般来讲，实际工作绩效与理想工作绩效之间的差别就是培训需求。（　　）

16. 培训目标是指培训活动的目的和预期效果。（　　）

17. 企业急需原则是指企业的关键技术人员和管理人员、企业关键性项目的参加人员，应首先予以培训。（　　）

18. 培训需求分析中，企业分析主要包括企业目标和战略分析、企业外部环境和内部环境分析等。（　　）

19. 员工培训需求总体分析的重点之一是要平衡企业与员工的需求和意愿，尽可能地使之趋于一致。（　　）

20. 培训目标的设立要注意与企业的宗旨相容，和企业的长远目标相吻合，对企业各部门可以起指导作用。（　　）

21. 培训效果评估是培训系统的可选项目之一，可对今后培训提供支持，但如不实施也不影响培训。（　　）

22. 培训计划包括长期计划、中期计划和短期计划。（　　）

23. 企业需要规避培训开发中的种种风险，同时需要提高员工满意度，达到企业与员工共同发展的目的。最基本、最直接的做法是依法完善培训开发用工合同。（　　）

24. 培训项目小组成员分工中，培训主管负责培训讲义的准备、培训要求的传达、培训反馈的整理。（　　）

25. 培训项目小组成员分工中，培训支持部门主要负责培训器材、食宿、车辆等后勤供应工作。（　　）

26. 培训准备工作包括培训小组的组建、各类培训事项的准备、培训动员等。其中，培训动员属于辅助性准备工作，在时间和人力允许的情况下要尽量开展。（　　）

27. 培训小组由人力资源部负责人和负责培训的人力资源工作人员构成。（　　）

28. 在培训过程中，为了不干扰教学，培训组织者不要与培训讲师沟通培训的优缺点和学员反映的情况。（　　）

29. 为了保证培训时间进度，不影响其他的培训课程，即使学员对现场培训意犹未尽，也不能采取延长培训时间、安排课后座谈研讨等形式来延长课程安排。（　　）

30. 培训教室的座位安排对讲师与学员、学员与学员之间是否能够很好地交流有间接作用。（　　）

31. 越来越多的企业把员工培训视为一种软性的企业福利。（　　）

32. 陈述和分析人们如何使用一项具体技能和帮助人们提高或改善其工作绩效的过程，是师徒制培训方式。（　　）

33. 视听法一般可作为培训的辅助手段。（　　）

34. 在岗式培训的特点是将学习与工作融为一体，很容易解决培训中许多根本性的问题。（　）

35. 工作轮换常常与培养员工多样化的工作技能结合在一起，也被称为交叉培训法。（　）

36. 师徒制是既有在职培训又有课堂学习的培训方法，主要适用于技能行业。（　）

37. 给团队或工作群体一个实际工作中面临的问题，让团队队员合作解决并制订出行动计划，再由他们负责实施该计划，是角色扮演法培训方式。（　）

38. 行动学习法是情景模拟式培训方法。（　）

39. 角色扮演法是在岗培训方式。（　）

40. 视听法就是利用现代视听技术和设备（如投影仪、录像、电视、电影、计算机等工具）对员工进行培训，是一种主要的培训方法。（　）

41. 研讨法是对讲授内容的必要补充，使讲授内容更加接近于工作实际。（　）

42. 按照不同的分类标志，员工培训与开发可以按培训内容、培训性质等分类。（　）

43. 入职培训主要针对首次参加工作的应届毕业生。（　）

44. 新员工培训开发又称入职培训、员工引导等。（　）

45. 入职培训可以帮助新员工尽快熟悉、适应新的工作环境，尽快融入新的团队，正确定位自己的角色，进而开始发挥自己的才能。（　）

46. 新员工既包括应届毕业生，也包括在其他企业或组织工作过的员工。（　）

47. 新员工引导要给新员工提供有关组织的基本背景情况、人员关系、工作内容、规章制度、组织期望等。（　）

48. 如果入职培训做得不好，将会导致新员工无法有效地融入新的组织环境，使他们产生距离感。（　）

49. 企业文化培训是入职培训的重要内容。（　）

50. 员工手册是新员工入职培训的重要材料。（　）

（二）单项选择题（下列每题的选项中，只有1个是正确的，请将其代号填在括号内）

1. 培训需求分析包括企业分析、工作分析和（　）等层次。

A. 战略分析　B. 课程分析　C. 部门分析　D. 个人分析

2. 企业的培训需求分析一般包括：①调查现状；②预测企业未来的人力资源需求；③确定人力资源培训的项目和主要内容；④确定参加培训的总体人数。其先后顺序是（　）。

A. ①②③④　B. ②①③④　C. ③②①④　D. ④①②③

3. 确定培训对象一般应当依据企业急需原则、关键性原则和（　）。

A. 合理性原则　B. 可行性原则　C. 合适性原则　D. 长远性原则

4. 技术短训班和管理知识技能短训班属于（　）。

A. 员工在职培训　B. 员工离岗培训

C. 员工入职培训　　D. 员工技能培训

5. 外单位培训属于（　　）。

A. 员工在职培训　　B. 员工离岗培训

C. 员工入职培训　　D. 员工技能培训

6. 一般来说，评估标准的确立不需要考虑的是（　　）。

A. 培训是否达到了培训目的

B. 培训方案所付出的代价如何，是否值得

C. 评估所采用的培训方法是否先进

D. 用于培训的资源是否得到了最佳分配

7. 培训的准备工作琐碎而繁杂，不包括（　　）。

A. 组建培训项目小组　　B. 召开培训动员会议

C. 进行培训各类事项的准备　　D. 申请培训预算

8. 培训小组的组长是（　　）。

A. 人力资源部经理　　B. 公司主管领导

C. 人力资源部培训主管　　D. 首席培训师

9. 让受训者评价培训计划，可以安排在（　　）。

A. 培训过程中　　B. 培训结束前　　C. 培训结束后　　D. 任何时候

10. 如果想让受训者评价培训计划或参加检验学习效果的测试，应在培训结束前安排测验，可用培训效果反馈表、（　　）等进行调研。

A. 调查问卷　　B. 头脑风暴　　C. 情景模拟　　D. 第三方评估

11. 在《劳动合同法》的基础上，为了防范培训后人员流失的风险，可以制订相应的培训开发计划，采取约定违约赔偿和（　　）等方式。

A. 签订服务期　　B. 签订保密条款

C. 约定竞业限制　　D. 签订无固定期限合同

12. 多媒体培训属于（　　）培训方法。

A. 信息传递式　　B. 模拟式

C. 在岗式　　D. 基于新技术的

13. 教练法属于（　　）培训方法。

A. 信息传递式　　B. 模拟式

C. 在岗式　　D. 基于新技术的

14. 案例研究法属于（　　）培训方法。

A. 信息传递式　　B. 模拟式

C. 在岗式　　D. 基于新技术的

15. 行动学习法属于（　　）培训方法。

A. 信息传递式　　B. 模拟式

C. 在岗式　　D. 基于新技术的

16. 视听法属于（　　）培训方法。

A. 信息传递式　　B. 模拟式

C. 在岗式　　D. 基于新技术的

17. 培训开发者通过一定的方式将培训开发信息（知识、技能和解决问题的方法等）传递给培训对象，使他们能够接收和吸收这些信息，这是（　　）培训方法。

A. 信息传递式　　B. 模拟式

C. 在岗式　　D. 基于新技术的

18. 将培训对象置于模拟的现实情景中，让他们依据模拟的现实工作环境做出及时的反应，分析在该环境中可能出现的各种问题，培养分析问题和解决问题的能力，这是（　　）培训方法。

A. 信息传递式　　B. 模拟式

C. 在岗式　　D. 基于新技术的

19. 比较适宜于管理人员的培训开发或用于解决某些有一定难度的管理问题，如战略决策、领导艺术等内容的信息传递式培训方法是（　　）。

A. 讲授法　　B. 视听法　　C. 研讨法　　D. 案例研究法

20. 案例法的目的是训练员工具有良好的分析能力、解决问题的能力和决策的能力，帮助员工学习如何在紧急状况下处理各类事件，适用于（　　）的培训。

A. IT（信息技术）工程师　　B. 部门经理

C. 流水线技工　　D. 驾驶员

21.（　　）一般不宜使用角色扮演法进行培训。

A. 呼叫中心坐席　　B. 销售人员

C. 管理人员　　D. IT 工程师

22. 将员工轮换到另一个同等水平、技术要求接近的工作职位上工作，是（　　）培训方式。

A. 工作轮换　　B. 教练法　　C. 角色扮演法　　D. 行动学习

23. 给团队或工作群体一个实际工作中面临的问题，让团队队员合作解决并制订出行动计划，再由他们负责实施该计划的培训方式，是（　　）。

A. 工作轮换　　B. 教练法　　C. 角色扮演法　　D. 行动学习

24. 新员工培训开发的具体内容很广泛，主要可以归纳为公司规章制度、部门职责、（　　）等方面。

A. 薪酬介绍　　B. 企业文化

C. 上下级关系　　D. 公司经营目标

25. 入职培训内容中的公司制度、政策及工作基础知识培训，不包括（　　）。

A. 组织结构与部门职责　　B. 产品及市场

C. 着装与化妆　　D. 岗位职责及能力

（三）多项选择题（下列每题的选项中，至少有 2 个是正确的，请将其代号填在括号内）

1. 企业组织员工培训，可采用的方法包括授课法、参观访问法，以及（　　）。
   A. 头脑风暴法　B. 研讨会法　C. 工作轮换法
   D. 事务处理法　E. 情景模拟法
2. 按培训内容分，培训可分为（　　）等。
   A. 员工知识培训　B. 员工技能培训
   C. 员工态度培训　D. 员工在职培训
   E. 员工性格培训
3. 人力资源培训的意义包括（　　）。
   A. 增强企业的竞争力　B. 营造一种持续学习的工作环境
   C. 鼓励建立一种参与管理的氛围　D. 营造优秀的企业文化
   E. 降低员工流失率
4. 人力资源开发的意义包括（　　）。
   A. 鼓励经理人员的自我成长
   B. 向高层管理人员提供可能会对企业有影响的企业理论和实践方面的创新或新的技术
   C. 营造优秀的企业文化
   D. 鼓励建立一种参与管理的氛围，企业和个人可以共同建立业绩目标和评估方法
   E. 防止员工跳槽
5. 一个完整培训系统的运作过程通常应包括培训需求分析、确立培训目标、（　　）等步骤。
   A. 制订培训计划　B. 实施培训计划
   C. 申请培训经费　D. 评价培训效果
   E. 结束培训
6. 员工个人的培训需求分析一般包括（　　）等步骤。
   A. 员工培训意向调查　B. 评估分析员工的工作行为
   C. 评估分析员工的培训意向　D. 分析员工的绩效结果
   E. 分析竞争对手同等岗位的培训内容
7. 进行培训各类事项的准备是培训准备工作的重要环节，包括培训前与讲师联系、有关资料的编印，以及（　　）等工作。
   A. 确认和通知学员　B. 培训设备检查
   C. 培训场地选择　D. 培训时间确定
   E. 现场签到

8. 培训结束后，还应（　　）等。

A. 跟踪调查受训人员的工作绩效变化

B. 加强培训开发后员工的流失风险防范

C. 各项资料的回收和存档

D. 收集培训满意度调查表

E. 打扫场地，保持企业的良好形象

9. 培训准备时，需要编印的资料包括（　　）等。

A. 培训课程和日程安排　　B. 培训生活须知

C. 分组讨论的编组名单　　D. 培训手册及其他培训材料

E. 员工手册

10. 培训实施过程的工作主要包括学员报到、（　　）等。

A. 培训沟通协调　　B. 培训评估

C. 培训后勤安排　　D. 培训秩序维持

E. 培训接送

11. 培训实施过程中，组织者要做的工作主要有（　　）。

A. 把学员兴奋点及时反馈给讲师，让其着重对待

B. 把握主题方向

C. 把握课程节奏松紧度

D. 改变培训形式

E. 酬谢培训人员

12. 在培训的收尾阶段，需要注意做好（　　）等工作。

A. 听取培训人员和受训人员的改进意见

B. 在受训者培训记录或人事档案中记录课程结果

C. 酬谢培训人员

D. 进行培训总结，以便进一步调整和完善培训系统

E. 安排学员返程交通

13. 培训开发风险的存在很大程度上降低了培训开发效果的回报。企业需要规避的培训开发中的风险包括（　　）。

A. 培训开发后员工的流失　　B. 培训开发后技术流失的风险

C. 培训教材的泄露　　D. 培训师泄露企业业务情报

E. 培训现场发生伤害事故

14. 主要的员工培训方法包括（　　）。

A. 信息传递式培训方法　　B. 模拟式培训方法

C. 在岗式培训方法　　D. 基于新技术的培训方法

E. 拓展培训

15. 在培训的各种方法中，讲授法是最受欢迎的培训方法，同时也是备受批评的方法，不适宜使用讲授法的情形包括（　　）。

A. 教学的目标在于形成技能　　B. 强调短期保持

C. 学习材料复杂、精细或抽象　　D. 需要学习者参与才能达到教学目标

E. 入职培训

16. 信息传递式培训方法包括（　　）等。

A. 讲授法　　B. 视听法　　C. 角色扮演法

D. 行动学习法　　E. 师徒式培训

17. 在岗培训法包括（　　）等。

A. 讲授法　　B. 视听法　　C. 教练法

D. 行动学习法　　E. 研讨式培训

18. 模拟式培训方法包括（　　）等。

A. 案例分析法　　B. 视听法　　C. 角色扮演法

D. 行动学习法　　E. 讲授法

19. 基于新技术的培训方法包括（　　）等。

A. 以计算机为基础的培训　　B. 视听法

C. 多媒体培训　　D. 远程培训

E. 研讨式培训

20. E-learning（数字化学习）的优点主要有（　　）等。

A. 大众化与个性化兼容　　B. 高效率和低成本

C. 可跟踪，易管理　　D. 适用于所有人群

E. 可以模拟现实场景

21. 下列关于行动学习法的描述，正确的是（　　）。

A. 给予学员一个在工作中运用新方法和新技能解决实际问题的机会

B. 行动学习可以是一种独立的培训方式

C. 行动学习是其他培训方法的有效辅助方法

D. 行动学习在实践中具有一定的困难

E. 集中团队成员采用师徒法解决现实问题

22. 工作轮换的优点包括（　　）。

A. 有利于促进雇员对组织不同部门的了解

B. 有利于改进员工的工作技能

C. 有利于部门之间的了解和合作

D. 有利于增加员工的工作满意度

E. 有利于降低用工成本

23. 角色扮演法的适用范围比较宽泛，可应用于训练态度、仪容和言谈举止等人际关

系技能，如（　　）等基本技能的学习和提高。

A. 电话应对　　B. 生产工艺提升
C. 销售技术　　D. 业务会谈
E. 了解公司规章制度

24. 企业通过入职培训解决新员工的（　　）等特点或问题。

A. 工作中容易出现急躁、冒进情绪　　B. 工作中容易出错
C. 关注自己能否被新的群体接纳　　D. 迫切希望了解企业的真实情况
E. 不认识公司领导

25. 入职培训的意义包括（　　）等。

A. 减少新员工的压力及焦虑感　　B. 帮助新员工尽快实现“组织社会化”
C. 有助于增进新员工的认同感　　D. 避免新员工成为企业内部的“自己人”
E. 了解正确的上下级关系

【技能部分】

（一）项目策划题

案例背景

盘石公司在今年实施了大规模的校园招聘，招聘了一批应届大学毕业生作为公司未来发展的储备人才。为了使管理培训生计划的候选人能尽快了解、熟悉、适应工作，公司计划举办一次新员工培训活动。

为了组织好培训工作，人力资源部培训主管王萍撰写了一份培训通知，发给各部门负责人，让其通知新员工参加培训。通知如下：

关于新员工培训的通知

各部门负责人：

公司将在 6 月 29 日至 6 月 30 日举行新员工培训，地点是城西路 288 号公司培训中心 2 楼大会议室。请通知各部门新入职员工于 6 月 29 日早上 8：30 到培训中心报到。

请各部门负责人确保新入职员工准时参加。

盘石公司人力资源部

案例思考

1. 盘石公司的培训通知有哪些不足？
2. 培训通知应包括哪些主要内容？

（二）案例分析题

案例背景

龙玲公司最近招聘了一名市场营销主管蔡东威。公司领导认为蔡东威在市场营销方面具有一定的工作经验，并有较好的职业发展潜力，对他寄予厚望。但是一个月后，还在试用期的蔡东威，向人力资源部提出辞职申请。

人力资源部王经理和蔡东威进行离职面谈。王经理询问蔡东威的离职原因，是不是对待遇不满意或者有其他的工作机会。蔡东威说，这些都不是，主要是觉得自己不适合龙玲公司。蔡东威说他在公司工作已经一个月了，但不知道自己需要做什么。第一周，人力资源部主管给了他公司员工手册和公司业务介绍等资料，让他自己学习；第二周，让他去客户服务中心帮忙；后来听说有新员工培训，但又通知要延后。然后，业务部门经理给他讲了工作方面的事情，让他帮助他们一起做一些事务性工作。

一个月下来了，他对公司情况没有系统的了解，也不知道自己应该做什么。

案例思考

1. 龙玲公司在新员工入职管理方面的工作存在什么问题？

2. 你对新员工培训有什么建议？

四、参考答案

【理论知识部分】

（一）判断题

1. × 2. × 3. √ 4. √ 5. √ 6. √ 7. √ 8. × 9. × 10. √ 11. × 12. √ 13. × 14. × 15. × 16. √ 17. × 18. √ 19. √ 20. √ 21. × 22. √ 23. √ 24. × 25. √ 26. × 27. × 28. × 29. × 30. × 31. √ 32. × 33. √ 34. √ 35. √ 36. √ 37. × 38. × 39. × 40. × 41. √ 42. √ 43. × 44. √ 45. √ 46. √ 47. √ 48. √ 49. √ 50. √

（二）单项选择题

1. D 2. A 3. D 4. A 5. B 6. C 7. D 8. A 9. B 10. A 11. A 12. D 13. C 14. B 15. C 16. A 17. A 18. B 19. C 20. B 21. D 22. A 23. D 24. B 25. D

（三）多项选择题

1. ABCDE 2. ABC 3. ABD 4. ABD 5. ABD 6. ABC 7. ABC 8. AB 9. ABCD 10. ACD 11. ABC 12. ABCD 13. AB 14. ABCD 15. ACD 16. AB 17. CD 18. AC 19. ACD 20. ABC 21. ABD 22. ABCD 23. ACD 24. ABCD 25. ABC

【技能部分】

（一）项目策划题

答题思路

1. 培训通知的不足

培训通知缺少培训内容、培训联系人、联系方式、请假规定等。

2. 培训通知的主要内容

培训通知的主要内容应包括培训目的、培训内容、时间安排、培训资料以及培训费用、联系人和联系方式、培训管理规定和要求、确认参加人员的回执、准备事项等。

(二) 案例分析题

答题思路

1. 新员工入职管理工作中存在的问题

缺乏有计划、系统的新员工培训体系。

2. 对新员工培训的建议

(1) 建立新员工培训机制。

(2) 及时实施新员工培训。

(3) 公司人力资源部要做好企业文化、公司制度和政策(薪酬、激励、考核、劳动纪律等)、部门和岗位职责三个方面的培训。

(4) 公司业务部门要做好相关工作技能和专业知识方面的培训。

4

第四单元

绩效管理

一、学习要求

通过本单元的学习，学员应了解绩效管理的概念、内容和基本流程；了解绩效评估的概念、内容、原则等，以及与绩效管理的异同；掌握绩效信息的收集整理和绩效评估的实施步骤。

二、职业鉴定考核要点

【理论知识部分】

<table>
<tr><th>鉴定范围</th><th>鉴定点</th><th>知识点</th><th>重要系数</th></tr>
<tr><td rowspan="7">绩效管理概述</td><td rowspan="2">绩效与绩效管理</td><td>绩效</td><td rowspan="3">5</td></tr>
<tr><td>绩效管理</td></tr>
<tr><td rowspan="5">绩效管理流程</td><td>绩效计划</td></tr>
<tr><td>绩效实施</td><td rowspan="4">9</td></tr>
<tr><td>绩效评估</td></tr>
<tr><td>绩效反馈</td></tr>
<tr><td>绩效结果应用</td></tr>
<tr><td rowspan="7">绩效信息的管理</td><td rowspan="4">绩效信息收集</td><td>绩效信息收集的目的</td><td rowspan="4">5</td></tr>
<tr><td>绩效信息收集的内容与来源</td></tr>
<tr><td>绩效信息收集的方法</td></tr>
<tr><td>绩效信息收集的注意事项</td></tr>
<tr><td rowspan="3">绩效信息整理</td><td>定性资料的整理</td><td rowspan="3">5</td></tr>
<tr><td>定量资料的整理</td></tr>
<tr><td>绩效信息的档案管理</td></tr>
<tr><td rowspan="7">绩效评估</td><td rowspan="4">绩效评估概述</td><td>绩效评估的概念与内容</td><td rowspan="4">9</td></tr>
<tr><td>绩效评估的原则</td></tr>
<tr><td>绩效评估的要素</td></tr>
<tr><td>绩效管理与绩效评估的关系</td></tr>
<tr><td rowspan="3">绩效评估方法</td><td>绩效评估方法的种类</td><td rowspan="3">9</td></tr>
<tr><td>绩效评估表的编制</td></tr>
<tr><td>绩效评估的实施步骤</td></tr>
</table>

【技能部分】

序号	鉴定内容	重要系数
1	制作绩效评估表	9
2	绩效评估信息的采集与管理	9
3	绩效评估过程组织	5

三、练习题

【理论知识部分】

(一) 判断题(下列判断正确的请打“√”,错误的打“×”)

1. 绩效是组织期望的结果,是组织为实现其目标而展现在不同层面上的有效输出,它包括个人绩效和组织绩效两个方面。 ( )

2. 需要从多个方面分析与评估绩效,是绩效的多因性特点。 ( )

3. 绩效管理的最终目的在于绩效改进,因此是结果导向的。 ( )

4. 绩效管理具有多变性特点。 ( )

5. 绩效管理既是目标管理,也是过程管理。 ( )

6. 绩效管理的作用要同时从公司的角度和员工的角度来阐述。 ( )

7. 绩效计划作为绩效管理流程的第一个环节,是绩效管理实施的关键和基础所在。 ( )

8. 整个绩效实现过程中,需要进行持续的绩效沟通。 ( )

9. 绩效实施是一个按事先确定的工作目标及衡量标准,考察员工实际绩效情况的过程。 ( )

10. 绩效管理不仅关注最终任务完成情况、目标完成情况、结果或产出,同时还要关注绩效形成过程。 ( )

11. 绩效管理结束的标志是完成绩效考核。 ( )

12. 工作行为考核是针对员工在绩效周期内表现出来的具体行为、态度进行评估的。 ( )

13. 绩效考核结果分析的一个重要作用是为员工进行培训设计。 ( )

14. 一般来说,绩效评价越高,所得工资越多。 ( )

15. 经过多次绩效考核后,员工的工作业绩始终不见改善,如果是员工本身工作态度不端正,则管理者将考虑调整其工作岗位。 ( )

16. 客观、公正的绩效评估不能凭感觉进行,必须具备充分、有效的信息。 ( )

17. 绩效记录可以作为劳动争议的事实依据。 ( )

18. 工作记录法是绩效评估者通过感官或仪器设备,有目的、有计划地考察被评估者

的行为表现，从而得出评估绩效的方法。 （ ）

19. 绩效信息收集的各种方法都有一定的局限性，因此可以综合运用各种方法，当然也要考虑收集的成本和效率。 （ ）

20. 在绩效信息收集的过程中，要注意收集的信息应该围绕绩效行为和结果事实，但并不排除对事实的主观判断和推测。 （ ）

21. 在收集绩效信息之前，一定要注意收集信息的范围。 （ ）

22. 绩效信息收集的问卷法，要注意多以开放性问题为主。 （ ）

23. 为了获取充分的信息，绩效信息收集问卷要包含尽可能详尽的问题。 （ ）

24. 资料归档就是对收集到的原始资料进行检查、分类和简化，使之系统化、条理化，为进一步分析提供条件的过程。 （ ）

25. 效度审查就是审查收集到的材料对于分析所研究的问题有效的程度。 （ ）

26. 定量绩效资料的来源有两个：一是从文献资料中得到的材料，二是统计资料。 （ ）

27. 定性资料的来源一般有两个：一是从调查中得到的材料，二是从文献资料中得到的材料。 （ ）

28. 员工对正式绩效文档内容有不同意见时，管理者需要在文档中另附上员工的意见。 （ ）

29. 在整理绩效资料时，资料的合格性审查包括填报的资料是否准确、计算方法是否统一等。 （ ）

30. 在整理绩效资料时，资料的统一性审查包括填报的资料是否准确、计算方法是否统一等。 （ ）

31. 员工在绩效文档上签字，表示其已经看过这份文件，并不意味着同意里面的内容。 （ ）

32. 绩效评估作为一种衡量、评估、影响组织、团队和个人工作表现的正式系统，可以起到检查及控制的作用，找出组织、团队和个人的不足并督促其改进，从而使员工、团队和组织，乃至社会都受益。 （ ）

33. 绩效评估的客观性原则要求管理者要向被管理者明确说明绩效管理的标准、程序、方法、时间等事宜，使绩效管理有透明度。 （ ）

34. 引导员工向希望的方向努力，是绩效评估的发展性原则。 （ ）

35. 以事实为依据，是绩效评估的客观性原则。 （ ）

36. 组织绩效评估又分为对本企业自身的绩效评估和对下属单位的绩效评估。 （ ）

37. 组织绩效评估的评估主体是企业外部出资人。 （ ）

38. 绩效评估就是狭义的绩效管理。 （ ）

39. 对于组织绩效、部门绩效乃至员工绩效的评估指标，都是通过组织就关键成功要素的层层分解而产生的。 （ ）

40. 绩效评估标准是指用于评估对象绩效优劣的标准，选择什么样的标准取决于评估目的。（ ）

41. 与传统的绩效评估相比，绩效管理是一个更加完整、科学的概念，而绩效评估则是构成绩效管理流程中的环节之一。（ ）

42. 排序法的缺点在于，这种方法会刺激人们积极或消极地干涉别人的工作。（ ）

43. 绩效评估按评估周期分为定期评估和不定期评估。（ ）

44. 企业在实践中，一旦设定了定期评估，一般不鼓励上下级之间进行不定期评估。（ ）

45. 绩效评估前，沟通和培训一般召集骨干员工参与。（ ）

46. 绩效评估表是用来进行绩效信息采集、分析和统计的载体，根据绩效评估方式的不同，可以呈现不同的形式。（ ）

47. 绩效评估表编制要根据评估对象的工作内容、特点及性质展开，不同的评估目的需要评估的内容也不相同。（ ）

48. 如果一个部门的员工都十分优秀，采取强制分步法进行绩效评估未必合适。（ ）

49. 采取简单排序法和间隔排列法进行绩效评估都会使工作团队的关系陷入紧张中。（ ）

50. 由于操作繁琐，配对比较法不适合人数较多的部门。（ ）

（二）单项选择题（下列每题的选项中，只有1个是正确的，请将其代号填在括号内）

1. 绩效是组织期望的结果，包括个人绩效和（ ）两个方面。
   A. 组织绩效　B. 部门绩效　C. 团队绩效　D. 社会绩效

2. 一个员工绩效的优劣并不取决于单一因素，是绩效的（ ）特点。
   A. 多因性　B. 多维性　C. 动态性　D. 可变性

3. 从员工发展的角度来看，绩效管理的作用包括（ ）。
   A. 提高员工的工作绩效　B. 加强员工自我管理
   C. 发掘员工的潜能　D. 为干部后备队伍的建设提供依据

4. 从公司的角度来看，绩效管理的作用包括（ ）。
   A. 为员工职业规划提供参考　B. 加强员工自我管理
   C. 提高员工的工作绩效　D. 实现员工与上级的更好沟通

5. 在绩效计划阶段，管理者和（ ）的共同投入与参与是进行绩效管理的基础。
   A. 公司总经理　B. 人力资源部　C. 员工　D. 部门经理

6. （ ）是对考核期内员工工作目标实现程度的测量和评价。
   A. 工作行为考核　B. 工作结果考核
   C. 评估标准　D. 绩效实施

7. 经过多次绩效考核后，员工的业绩始终不见改善，如果确实是员工本身工作态度不端正，经过多次提醒和警告都无济于事，则管理者可考虑（　　）。

A. 对其进行解雇处理　　B. 对其进行培训

C. 调整其工作岗位　　D. 对其进行绩效评价

8. 进行绩效管理的目的是改进和提高员工的绩效并解决问题，但是要解决问题必须知道两件事，即（　　）和引起这个问题的原因。

A. 如何解决这个问题　　B. 存在什么问题

C. 这个问题会产生什么后果　　D. 怎么发现这个问题

9. 收集和记录绩效信息可以积累（　　）。

A. 绩效问题背后的原因　　B. 解决绩效问题的方法

C. 突出绩效表现的关键事件　　D. 与员工沟通的技巧

10.（　　）不是常用的绩效信息来源。

A. 生产作业记录　　B. 定期检查记录

C. 主管备忘录　　D. 员工自查表

11. 收集绩效信息时，应注意信息的准确性和（　　）。

A. 规范性　　B. 时效性　　C. 系统性　　D. 结构性

12.（　　）是指按照统一的设计要求，依据有一定结构的问卷而进行的比较正式的访谈。

A. 主动访谈　　B. 半结构访谈　　C. 结构访谈　　D. 记录访谈

13. 某些绩效不能通过直接观察得到，也难以通过日常工作记录获取，这时可以采用（　　）。

A. 问卷法　　B. 访谈法　　C. 观察法　　D. 他人反馈法

14. 收集绩效信息时，要收集的信息应该围绕（　　）和结果事实，而不是针对事实的主观判断和推测。

A. 结果好坏　　B. 绩效行为　　C. 考核标准　　D. 信息来源

15. 定性资料的来源一般有两个：一是从调查中得到的材料，二是（　　）的材料。

A. 通过访谈获取　　B. 从文献资料中得到

C. 通过他人反馈获得　　D. 通过问卷调研获取

16. 定量资料的来源一般有两个：一是从实地调查得到的材料，二是（　　）。

A. 通过他人反馈获得的材料　　B. 从文献资料中得到的材料

C. 从网络获取的材料　　D. 统计资料

17. 对定量资料的审查主要集中在完整性、统一性和（　　）。

A. 准确性　　B. 合格性　　C. 系统性　　D. 可信性

18. 下列关于绩效信息归档管理的描述，不正确的是（　　）。

A. 所有正式绩效记录都必须由员工和经理双方签字

B. 员工签字即表示同意其中的内容

C. 如果员工有不同意见，管理者需要在文档中附上员工的意见

D. 员工有权对文档发表意见

19.（　　）是工作能力向工作业绩转换的中介，在很大程度上决定了能力向业绩的转化。

A. 工作行为　B. 工作潜力　C. 工作态度　D. 工作职责

20. 绩效管理要做到以事实为依据，对被管理者的任何评估都应有事实根据，避免主观臆断和个人感情色彩，这是绩效评估的（　　）原则。

A. 公开性　B. 差别性　C. 客观性　D. 发展性

21. 绩效评估对象包括组织绩效和（　　）。

A. 部门绩效　B. 团队绩效　C. 员工绩效　D. 社会绩效

22. 组织绩效评估又分为对本企业自身的绩效评估和（　　）。

A. 对下属单位的绩效评估　B. 对高层管理者的绩效评估

C. 对下属各部门的绩效评估　D. 对同级单位的绩效评估

23. 对员工的绩效评估指标主要可分为工作业绩、工作态度和（　　）。

A. 工作强度　B. 工作性质　C. 工作责任　D. 工作能力

24. 把每个员工与其他员工进行一一比较，把其中表现好的记“+”，表现不好的记“—”，完成所有比较后，得到每个员工的总分。这种方法是（　　）。

A. 间隔排序法　B. 简单排序法　C. 配对比较法　D. 人物比较法

25. 绩效管理的目的在于员工能力的提高和绩效的持续改进，（　　）作为绩效管理的重要环节，需要全员参与。

A. 评估前沟通和培训　B. 实施绩效评估

C. 评估信息记录　D. 评估结果分析和统计

（三）多项选择题（下列每题的选项中，至少有 2 个是正确的，请将其代号填在括号内）

1. 绩效具有（　　）的特点。

A. 多因性　B. 动态性　C. 多维性

D. 多变性　E. 量化性

2. 绩效管理的含义包括绩效管理是一个过程、（　　）等方面。

A. 绩效管理就是绩效考核　B. 绩效管理注重持续的沟通

C. 绩效管理的最终目的在于绩效改进　D. 绩效管理是一个结果

E. 绩效管理的对象是所有员工

3. 绩效管理的特点包括（　　）等。

A. 激励性　B. 目标性　C. 系统性

D. 多变性　E. 参与性

4. 从公司的角度来看，绩效管理的作用包括（　　）。

A. 为企业诊断运营状况收集信息　B. 为干部后备队伍的建设提供依据

C. 加强员工自我管理　　D. 实现员工与上级的更好沟通
E. 为员工职业规划提供参考

5. 绩效管理主要分为（　　）等步骤。
A. 绩效实施　　B. 绩效评估　　C. 绩效反馈
D. 绩效结果　　E. 绩效计划

6. 绩效合同的内容一般包括（　　）等。
A. 工作目的描述　　B. 员工认可的工作目标
C. 绩效衡量标准　　D. 绩效计划
E. 绩效考核人员名单

7. 绩效考核完成后，评估结果主要用于（　　）。
A. 制订绩效改进计划　　B. 组织培训
C. 奖金分配　　D. 职务调整
E. 人力资源规划

8. 绩效反馈面谈的作用包括（　　）。
A. 使员工了解自己的绩效　　B. 使员工了解主管对自己的期望
C. 使员工认识自己有待改进的方面　　D. 请求上级的指导
E. 薪酬调整沟通

9. 员工绩效始终不见改善，原因可能是（　　）。
A. 考核方法错误　　B. 员工能力不足
C. 工作安排不合适　　D. 员工工作态度有问题
E. 主管指导有问题

10. 收集和记录绩效信息的目的包括（　　）。
A. 提供绩效评估的事实依据　　B. 提供绩效改善的事实依据
C. 发现绩效问题　　D. 发现优秀绩效的原因
E. 在争议仲裁中的利益保护

11. 绩效信息收集的内容包括（　　）。
A. 工作目标完成情况　　B. 来自外部客户的表扬或批评
C. 证明业绩突出或低下的具体证据　　D. 与员工就绩效问题进行谈话的记录
E. 对关键事件的具体描述

12. 收集绩效信息的方法包括观察法、（　　）等。
A. 工作记录法　　B. 关键事件法　　C. 访谈法
D. 问卷法　　E. 他人反馈法

13. 绩效信息收集的注意事项包括（　　）。
A. 不要让员工参与信息收集的过程　　B. 要有目的地收集信息
C. 不要判断，要事实　　D. 采用科学、先进的方法收集信息

E. 要注意成本控制

14. 绩效信息收集采用问卷法时的注意事项包括（　　）。

A. 要控制问题数量

B. 问题要围绕研究的问题

C. 表述应是调查者熟悉和可以理解的

D. 以封闭问题为主

E. 要采用统一的格式

15. 绩效访谈的注意事项包括（　　）。

A. 要充分熟悉访谈的内容　　B. 访谈开始前要营造合作友好的氛围

C. 要掌握交谈的艺术　　D. 采用多种记录访谈的方式

E. 多用提问的方式把握访谈的方向

16. 在整理绩效资料时，定量资料的统一性审查包括（　　）。

A. 检查所有问卷、报表登记填报方法是否统一

B. 提供的材料是否符合填报要求

C. 计算方法是否统一

D. 数字使用的度量单位是否统一

E. 填报的资料是否准确

17. 绩效信息归档管理的注意事项包括（　　）。

A. 由员工和经理双方签名确认　　B. 记录重要的、必要的信息

C. 尊重员工的意见　　D. 尊重经理的意见

E. 尊重工会的意见

18. 完整的绩效评估内容应该包括业绩评估、（　　）等。

A. 能力评估　　B. 态度评估　　C. 潜力评估

D. 适应性评估　　E. 资历评估

19. 能力评估主要体现在（　　）等方面。

A. 常识、专业知识和其他知识　　B. 技能技巧

C. 工作经验　　D. 体力

E. 心理特质

20. 在工作中没有发挥出能力的原因主要包括（　　）。

A. 机会不均等　　B. 人员配置不合理

C. 上级指示错误　　D. 能力开发计划不周

E. 工作时间不够

21. 绩效评估的原则有（　　）等。

A. 开放沟通原则　　B. 公开性原则

C. 差别性原则　　D. 发展性原则

E. 客观性原则

22. 绩效评估的要素包括评估目标、（　　）等。

A. 评估对象　　B. 评估主体　　C. 评估方法

D. 评估指标　　E. 评估标准

23. 绩效评估的实施方法主要包括（　　）。

A. 相对评估法　　B. 绝对评估法　　C. 描述法

D. 内部法　　E. 外部法

24. 绩效评估表的绘制原则包括（　　）。

A. 合法合规　　B. 内容充分　　C. 形式美观

D. 表达明确　　E. 可操作

25. 实施绩效评估的程序一般包括（　　）。

A. 员工自评　　B. 主管自评　　C. 评估面谈

D. 评估信息记录　　E. 评估结果分析

【技能部分】

（一）项目策划题

案例背景

伟业公司对行政管理部门采取相对评价法衡量部门员工的业绩表现。行政办公室有 6 名员工，其业绩表现见下表。

员工	工作态度	配合程度	工作效率
甲	A	A	B
乙	A	B	A
丙	B	C	B
丁	B	B	B
戊	B	B	B
己	B	C	C

备注：

1. 每一个维度的得分用 A、B、C、D 表示，分数分别是 100、90、80、60。

2. 工作态度、配合程度和工作效率的权重分别是 40%、30%和 30%。

案例思考

请用配对比较法进行评估。

（二）案例分析题

为了强化绩效考核，清河科技发展公司拟实行强制分布法，根据员工的表现，将每个部门的员工划分为 A、B、C、D、E 五个等级，分别占 10%、20%、40%、20%、10%，每季度进行一次考核。如果员工考核分数排在最后一级，则给予警告。如果某人连续两次排在最后一级，则要扣发奖金。如果一年有 3 次排在最后一级，则要离岗培训，培训后根据考察结果再决定是否让其上岗，如果仍不合适，则要给予相应的处罚。

行政管理部门的王经理每个季度都为这个排名煞费苦心。行政管理部门属于职能部门，考核指标很难量化，员工的工作表现都还可以，即便有差距，要按照5个等级划分也十分困难。因此每个季度只好采取轮流的办法，每个员工都轮一次“E”。

但一年下来，人力资源部提醒王经理不要“和稀泥”，需要认真对待考核。

问题：

1. 行政管理部门绩效考核是否适合使用强制分布法，为什么？
2. 对行政管理部门员工的考核，应该从哪几个方面进行考评？

四、参考答案

【理论知识部分】

(一) 判断题

1.√　2.×　3.×　4.×　5.√　6.√　7.√　8.√　9.×　10.√　11.×　12.√　13.√　14.√　15.×　16.√　17.√　18.×　19.√　20.×　21.×　22.×　23.×　24.×　25.√　26.×　27.√　28.√　29.×　30.×　31.√　32.√　33.×　34.×　35.√　36.×　37.√　38.×　39.√　40.√　41.√　42.√　43.√　44.×　45.×　46.√　47.√　48.√　49.√　50.√

(二) 单项选择题

1. A　2. A　3. B　4. A　5. C　6. B　7. A　8. B　9. C　10. D　11. B　12. C　13. D　14. B　15. B　16. D　17. B　18. B　19. C　20. C　21. C　22. B　23. D　24. C　25. A

(三) 多项选择题

1. ABC　2. BC　3. ABCE　4. ABE　5. ABCDE　6. ABC　7. ABCDE　8. ABCD　9. BD　10. ABCDE　11. ABCDE　12. ACDE　13. BCD　14. ABCD　15. ABCDE　16. ACD　17. ABC　18. ABCD　19. ABCD　20. ABCD　21. ABCDE　22. ABCDE　23. ABC　24. ABCDE　25. ABC

【技能部分】

(一) 项目策划题

答题思路

先计算6名员工的分数（分数×权重），然后两两比较，分数高的记”＋”，分数低的记“－”，最后根据“＋”和“－”的多少进行排序。

计算过程略。

（二）案例分析题

答题思路

1. 行政管理部门绩效考核是否适合使用强制分布法及原因

不合适。该方法有一个前提，假设员工的绩效呈正态分布。案例显示，行政管理部门的员工绩效并不符合正态分布。

2. 对行政管理部门员工的考核要点

从工作业绩、工作能力和工作态度三个维度进行考评。

（1）工作业绩，如工作量、及时完成率、工作差错等。

（2）工作能力，如专业技能、组织协调能力等。

（3）工作态度，如劳动纪律、工作主动性、内部客户满意度等。

5

第五单元

薪酬福利管理

一、学习要求

通过本单元的学习，学员应了解薪酬体系设计的基本方法和注意事项；掌握员工福利、社会保障制度的概念和基本内容；掌握薪酬管理信息收集与统计分析的方法。

二、职业鉴定考核要点

【理论知识部分】

鉴定范围	鉴定点	知识点	重要系数
薪酬管理概述	薪酬	薪酬的概念	5
		薪酬的功能	
		薪酬的组成和分类	
	薪酬管理	薪酬管理的概念与原则	5
		薪酬管理的内容	
		薪酬管理的影响因素	
		薪酬设计的流程	
员工福利与社会保障	员工福利	员工福利的概念	5
		员工福利的类型	
	社会保障	社会保障的概念与类型	5
		社会保险	
		住房公积金制度	
		工作时间和休息休假	
薪酬管理信息收集与统计分析	薪酬管理信息收集	考勤与工时的统计	9
		绩效信息的汇总	
		工资表的编制	
	薪酬管理信息统计分析	企业薪酬统计指标与方法	5
		企业薪酬统计结果分析与运用	

【技能部分】

序号	鉴定内容	重要系数
1	薪酬福利信息的采集	5
2	工资、奖金、津贴和个人所得税的采集	9
3	工资表的编制	5
4	社会保障各种手续的办理	9
5	薪酬管理信息的统计	5

三、练习题

【理论知识部分】

（一）判断题（下列判断正确的请打“√”，错误的打“×”）

1. 薪酬管理就是工资管理。（　）

2. 就总体而言，薪酬可分为基本薪酬、可变薪酬和间接薪酬。（　）

3. 基本薪酬、可变薪酬和间接薪酬都以货币形式出现。（　）

4. 广义的薪酬是指企业支付给员工回报的总和，包括各项货币性和实物性回报，以及外在的非财务性回报。（　）

5. 参与决策的权利、较有趣的工作，都属于广义的薪酬。（　）

6. 在劳动经济学里，人们对工资的定义，就形式而言，工资是以货币形式按期付给劳动者的劳动报酬。（　）

7. 按照我国《劳动法》的规定，工资应当以货币形式或非货币形式按月支付给劳动者本人。（　）

8. 员工通过为某个组织工作所获得的比较稳定的报酬，叫作直接薪酬。（　）

9. 与员工工作取得的成绩或者是工作效率直接挂钩的报酬，叫作间接薪酬。（　）

10. 企业进行有效的薪酬管理，可以节约大量的人工成本，体现了薪酬的调节功能。（　）

11. 激励工资和绩效工资是不同的。虽然两者都受到员工业绩的影响，但绩效工资以支付工资的方式影响员工将来的行为，而激励工资侧重于对过去突出业绩的认可。（　）

12. 薪酬管理就是企业对员工薪酬的支付标准、发放水平和要素结构进行确定、分配和调整的过程。（　）

13. 企业整体的薪酬水平、薪酬结构和薪酬形式要保持动态性，与其他行业、同行等的薪酬水平保持动态的平衡，这是薪酬管理的及时性原则。（　）

14. 给员工提供个人成长、工作成就感、良好的职业预期和就业能力的管理，是薪酬体系管理的重要内容之一。（　）

15. 薪酬怎样支持企业的战略、适应企业现实和未来的发展、满足员工的需要，是薪

酬管理的目标管理。（　）

16. 影响薪酬管理的组织内在因素包括财务能力、预算控制、企业支付能力等。（　）

17. 影响企业薪酬管理的因素包括外在因素、内在因素和个人因素。（　）

18. 薪酬结构确定和调整的基本原则是给予员工最大的激励。（　）

19. 薪酬政策就是企业在员工薪酬上采取的策略。（　）

20. 福利是企业通过各种措施建立补贴，为员工生活提供方便、减轻员工经济负担的一种非直接支付报酬，是整体报酬体系的一部分。（　）

21. 福利是激励员工的重要手段，与员工的工作绩效和贡献大小无直接关系。（　）

22. 员工福利是对劳动者所提供劳动的一种物质补偿，享受员工福利必须以履行劳动义务为前提，这是福利的补充性特点。（　）

23. 每个员工都有享受本单位员工福利的均等权利，都能共同享受本单位分配的福利补贴和举办的各种福利事业，这是福利的集体性特点。（　）

24. 在企业薪酬体系中，工资具有基本的保障功能，奖金具有明显而直接的激励作用；而福利的积极作用是间接而隐晦的，但影响却极其巨大而深远，这是福利的补充性特点。（　）

25. 特殊情况下，员工和企业经协商一致后签订协议，可以不缴纳社会保险。（　）

26. 失业保险金标准应当不低于所在地区当年最低生活保障标准。（　）

27. 新成立的缴费单位应当自成立之日起 60 日内，持营业执照或者登记证书等有关证件，到社会保险经办机构办理社会保险登记。（　）

28. 保险基金来自企业和劳动者两方面的养老保险形式属于投保资助型。（　）

29. 国家不向劳动者本人征收任何养老保险费，养老保险需要的全部资金都来自于国家的财政拨款，这是强制储蓄型养老保险模式。（　）

30. 世界上大多数国家实行的是投保资助型养老保险模式。（　）

31. 企业年金属于保险福利。（　）

32. 实行不定时工时制度的劳动者，可以不支付加班工资。（　）

33. 年休假也称每年的带薪休假，是职工每年在一定时间内享有的保留薪酬的连续休假。（　）

34. 职工连续工作 1 年以上的，享受带薪年休假。（　）

35. 职工累计工作已满 1 年不满 10 年的，年休假为 7 天。（　）

36. 考勤要记录员工的出勤天数、缺勤天数、加班天数、事假天数等基本信息。（　）

37. 国家法定休假日、休息日计入年休假的假期。（　）

38. 对职工应休但未休的年休假天数，单位应当按照该职工日工资收入的 200% 支付年休假工资报酬。（　）

39. 每个员工的工资均由实发工资和到手工资两部分组成。（　　）

40. 工资总额是指各单位在一定时期内直接支付给本单位所有职工的劳动报酬总额。（　　）

41. 绩效信息收集使用后要及时留存，以备调阅、检查等，这是绩效信息收集的及时性要求。（　　）

42. 个人所得税、住房公积金和社会保险基金个人缴纳部分等不计入企业工资总额。（　　）

43. 根据国家法律法规和政策规定，因病、工伤、产假、计划生育假、婚丧假等支付的工资，以及特殊情况下支付的工资，也计入企业工资总额。（　　）

44. 应扣款包括代扣款、直接扣款和代缴款。（　　）

45. 出差伙食补助费、误餐补助费、调动工作的旅费和安家费，也是企业工资总额的构成部分。（　　）

46. 有关离休、退休、退职人员待遇的各项支出，不计入企业工资总额。（　　）

47. 工资效益反映投入的工资成本所能得到的利润。（　　）

48. 企业通过薪酬统计结果，可以控制和优化人力资源成本。（　　）

49. 通过薪酬统计结果，可以分析企业在用人上是否合理，从而调整企业的用人制度。（　　）

50. 计件工资是根据计时工资标准和工作时间计算支付的劳动报酬。（　　）

（二）单项选择题（下列每题的选项中，只有1个是正确的，请将其代号填在括号内）

1. （　　）可以以货币或者非货币的形式出现。

A. 基本薪酬　B. 可变薪酬　C. 间接薪酬　D. 直接薪酬

2. 劳动者得到的货币工资实际能够购买到的生活资料和服务（包括房租、水电、交通、教育等各项支出）的数量，叫作（　　）。

A. 货币工资　B. 名义工资　C. 实际工资　D. 可支配工资

3. 与员工工作所取得的成绩或工作效率直接挂钩的报酬，叫作（　　）。

A. 基本薪酬　B. 可变薪酬　C. 间接薪酬　D. 直接薪酬

4. 失业金、养老金、午餐费、医疗费、退休金、利润分红、股权、期权、带薪休假、免费交通、廉价住房等，属于（　　）。

A. 基本薪酬　B. 可变薪酬　C. 间接薪酬　D. 直接薪酬

5. 企业对员工为企业所做的贡献（包括他们实现的绩效、付出的努力、时间、学识、技能、经验与创造等）支付相应的回报，叫作（　　）。

A. 广义的薪酬　B. 狭义的薪酬

C. 一般意义上的薪酬　D. 货币薪酬

6. 引导劳动者合理流动，体现了薪酬的（　　）功能。

A. 调节　B. 激励　C. 降低成本　D. 管理

7. 通过薪酬把劳动量与消费量直接联系起来，即对薪酬支付进行统计与监督，实际上也就是对劳动消耗进行统计与监督，进而也是对消费量的统计与监督，体现了薪酬的（　　）。

A. 调节功能　　B. 统计与监督职能

C. 降低成本功能　　D. 管理功能

8. （　　）反映的是工作或技能价值，往往忽视了员工之间的个体差异。

A. 基本工资　　B. 绩效工资　　C. 激励工资　　D. 员工福利

9. 作为基本工资之外的增加，（　　）往往随员工业绩的变化而调整。

A. 基本工资　　B. 绩效工资　　C. 激励工资　　D. 员工福利

10. 薪酬的发放及对员工的激励应当及时，是薪酬管理的（　　）。

A. 动态性原则　　B. 及时性原则　　C. 经济性原则　　D. 激励性原则

11. 根据员工的实际贡献付酬，并且适当拉开薪酬差距，使不同业绩的员工能在心理上觉察到这个差距，并产生激励作用，从而使业绩好的员工认为得到了鼓励、业绩差的员工认为有必要改进绩效以获得更高的回报，是薪酬管理（　　）的要求。

A. 动态性原则　　B. 及时性原则　　C. 经济性原则　　D. 公平性原则

12. （　　）要求企业按照员工岗位的相对价值支付薪酬。

A. 外部公平性　　B. 内部公平性

C. 对员工具有激励性　　D. 公正性

13. 企业支付薪酬，不仅考虑到自身的支付水平，更要与劳动力市场的工资水平，尤其是竞争对手的薪酬水平进行比较，支付等于或高于劳动力市场水平的薪酬，可以使企业招聘到高素质的员工，确保企业经营目标的实现，体现了（　　）。

A. 外部公平性　　B. 内部公平性

C. 对员工具有激励性　　D. 公正性

14. 企业在确定员工的薪酬水平时要有成本意识，是（　　）的要求。

A. 动态性原则　　B. 及时性原则　　C. 经济性原则　　D. 公平性原则

15. 薪酬要满足内部一致性和外部竞争性的要求，并根据员工绩效、能力特征和行为态度进行动态调整，是薪酬管理的（　　）。

A. 结构管理　　B. 目标管理　　C. 水平管理　　D. 制度管理

16. 正确划分合理的薪级和薪等，正确确定合理的级差和等差，是薪酬管理的（　　）。

A. 结构管理　　B. 目标管理　　C. 水平管理　　D. 制度管理

17. 在工资支付水平上，很多企业都不再单纯考虑与同行业工资率的攀比，（　　）不是主要的考虑因素。

A. 该水平是否能够留住自己需要的人才

B. 企业的支付能力

C. 该水平是否符合企业的发展目标

D. 市场水平

18. 在企业薪酬体系中，工资、奖金和（　　）是三个不可或缺的组成部分。

A. 津贴　　B. 福利　　C. 商业保险　　D. 企业年金

19. 我国在建的社会保障制度，属于（　　）模式。

A. 国家福利　　B. 国家保险　　C. 社会共济　　D. 积累储蓄

20. 由国家、单位（企业）、个人三方共同为社会保障计划融资，是（　　）社会保障模式。

A. 国家福利　　B. 国家保险　　C. 社会共济　　D. 积累储蓄

21. （　　）不是现代老年社会保障制度的基本模式。

A. 国家统筹保险模式　　B. 投保资助型养老保险模式

C. 自我保障模式　　D. 国家和商业结合保险模式

22. 失业保险金给付期限最长不超过（　　）个月。

A. 18　　B. 24　　C. 30　　D. 36

23. 用人单位依法安排劳动者在法定标准工作日时间以外延长工作时间的，按照不低于劳动合同规定的劳动者本人日或小时工资标准的（　　）支付劳动者工资。

A. 100%　　B. 150%　　C. 200%　　D. 300%

24. 用人单位依法安排劳动者在法定休假节日工作的，按照不低于劳动合同规定的劳动者本人日或小时工资标准的（　　）支付劳动者工资。

A. 100%　　B. 150%　　C. 200%　　D. 300%

25. （　　）不列入工资总额的范围。

A. 各种津贴和补贴

B. 过节费

C. 由单位从个人工资中直接为其代扣或代缴的个人所得税

D. 工会费

（三）多项选择题（下列每题的选项中，至少有 2 个是正确的，请将其代号填在括号内）

1. 一般意义上的薪酬是指员工所获回报的总和，不仅包括各项货币性和实物性回报，还包括外在的非财务性回报，非财务性回报包括（　　）。

A. 办公室装潢　　B. 特定的停车位置

C. 喜欢的工作　　D. 保健计划

E. 经济补偿金

2. 广义的薪酬是企业给予员工的内在和外在回报的总和，其中内在回报包括（　　）。

A. 较大的工作自主权　　B. 个人成长机会

C. 参与决策　　D. 特定的停车位置
E. 员工申诉渠道

3. 良好的薪酬体系以企业发展战略为导向，具有（　　）等特点。
A. 激励性　　B. 竞争性　　C. 相对公平性
D. 可比性　　E. 多元性

4. 薪酬的主要功能包括（　　）。
A. 补偿功能　　B. 激励功能　　C. 降低成本功能
D. 管理功能　　E. 保障功能

5. 狭义的薪酬主要包括（　　）。
A. 基本工资　　B. 绩效工资　　C. 激励工资
D. 员工福利　　E. 晋升机会

6. 薪酬管理，就是企业对本企业员工薪酬的支付标准、发放水平和要素结构进行确定、分配和调整的过程。在这一过程中，企业必须就（　　）以及特殊员工群体的薪酬做出决策。
A. 薪酬水平　　B. 薪酬结构　　C. 薪酬体系
D. 薪酬形式　　E. 薪酬待遇

7. 公平性原则包括（　　）。
A. 对外具有竞争性　　B. 内部公平性
C. 对员工具有激励性　　D. 公正性
E. 合法性

8. 薪酬管理的内容包括（　　）等。
A. 结构管理　　B. 目标管理　　C. 水平管理
D. 过程管理　　E. 人员管理

9. 福利具有（　　）等特点。
A. 补偿性　　B. 均等性　　C. 补充性
D. 集体性　　E. 非货币性

10. 影响企业员工福利的因素主要包括（　　）。
A. 高层管理者的经营理念　　B. 工资的控制
C. 同行业类似企业的福利　　D. 工会的压力
E. 员工偏好

11. 机会性福利包括（　　）。
A. 在职或短期脱产培训　　B. 企业内部提升政策
C. 员工参与民主化管理　　D. 廉价公房出租
E. 节日慰问

12. 优惠性福利包括（　　）。

A. 廉价公房出租　　B. 低价工作餐
C. 在职或短期脱产培训　　D. 企业内部提升政策
E. 春节抽奖

13. 企业自主福利主要包括（　　）。
A. 机会性福利　B. 优惠性福利　C. 实物性福利
D. 服务性福利　E. 工作性福利

14. 在我国，社会保障由（　　）等组成。
A. 社会保险　B. 社会救济　C. 社会福利
D. 优抚安置　E. 残障金保障

15. 社会共济模式是指由（　　）共同为社会保障计划融资。
A. 国家　B. 企业　C. 个人
D. 保险公司　E. 工会

16. 全球的社会保障模式，大致可分为（　　）等。
A. 国家福利　B. 商业保险　C. 社会共济
D. 积累储蓄　E. 公司福利

17. 在我国，社会保险包括养老保险、医疗保险、（　　）等。
A. 失业保险　B. 工伤保险　C. 生育保险
D. 住房公积金　E. 子女保险

18. 我国的养老保险由（　　）等构成。
A. 基本养老保险　　B. 企业补充养老保险
C. 商业养老保险　　D. 众筹养老保险
E. 社会统筹账户

19. 在我国，（　　）等是员工自愿缴纳的。
A. 基本养老保险　　B. 企业补充养老保险
C. 企业年金　　D. 住房公积金
E. 生育保险

20. 关于婚丧假的规定，下列不正确的是（　　）。
A. 职工本人结婚或职工的直系亲属（父母、祖父母、配偶和子女）死亡时，可以根据具体情况，由本单位行政领导批准，酌情给予 1～3 天的婚丧假
B. 职工结婚时双方不在一地工作的，根据路程远近，另给予路程假
C. 职工在外地的直系亲属死亡时，需要职工本人去外地料理丧事的，根据路程远近，另给予路程假
D. 在批准的婚丧假和路程假期间，职工的奖金可以不发
E. 机关企事业单位享受婚丧假待遇

21. 职工有（　　）等情形，不享受当年的年休假。

A. 教师职业

B. 职工请事假累计 20 天以上且单位按照规定不扣工资的

C. 累计工作满 1 年不满 10 年的职工，请病假累计 2 个月以上的

D. 累计工作满 10 年不满 20 年的职工，请病假累计 3 个月以上的

E. 任何情况下都不能剥夺员工的年休假

22. 绩效信息收集、整理和汇总需要做到（　　）等。

A. 及时　　B. 准确　　C. 留存

D. 全面　　E. 量化

23. 考勤要记录员工的（　　）等基本信息。

A. 出勤天数　　B. 缺勤天数　　C. 加班天数

D. 事假天数　　E. 打卡次数

24. 企业薪酬统计指标主要包括（　　）。

A. 工资总额　　B. 平均工资

C. 工资分布　　D. 最高与最低工资的倍率

E. 员工名册

25. 按照国家的有关规定，工资总额由计时工资、计件工资、（　　）等组成。

A. 奖金　　B. 津贴和补贴　　C. 加班加点工资

D. 劳务工资　　E. 经济补偿金

【技能部分】

(一) 项目策划题

案例背景

金鹿公司是一家羊毛衫制造企业，近年来受到市场竞争加剧的影响，加上企业内部经营策略不够灵活，在产品款式设计和新材料应用上没有跟上竞争对手，销售业绩持续下滑。为了挽回不利局面，公司下定决心要在产品设计和新面料上加大投入。但是面临的实际困难是产品库存大、运营资金短缺。为了解决这个问题，公司决定提高销售人员的薪酬，把销售人员的薪酬水平调整到公司最高级别。

但是这一举措很快在其他部门中产生很大的反响，大家很有意见。有一位高级服装设计师提出辞职，另有几位服装设计师也表现出要离职的迹象。

案例思考

1. 请分析将销售人员的薪酬水平调整到公司最高级别这一举措引发其他部门员工不满的原因。

2. 金鹿公司应该怎样进行薪酬调整？

(二)案例分析题

案例背景

江浩公司是一家国内计算机制造业的知名企业，公司管理层具有较好的市场意识，企业具有一定的产品开发优势。五年前，员工薪酬水平高、福利待遇好，其核心的市场销售和研发人员的薪酬普遍高于市场平均水平，吸引了大量的人才。但是由于没有及时引进新技术，造成产品滞销，企业效益下滑，同时核心员工离职情况也日益严重，这更加剧了公司产品研发和市场拓展的难度。

张元是公司人力资源部经理，昨天刚和一名研发工程师做了离职面谈，工程师说："五年前跳槽到江浩公司，很大程度是看中了高工资、高福利和公司发展前景。当初公司给的薪酬确实让人满意。但是进入公司五年了，除了每年工龄工资有增长，基本没什么变化。现在其他公司开出的工资高50%，对我而言的确很有吸引力。"

张元回想着这几天离职面谈得到的反馈，思路逐渐清晰，准备给公司总经理写一份报告。

案例思考

1. 请指出导致江浩公司核心人员离职的主要原因。
2. 江浩公司调整薪酬制度应考虑哪些因素？

四、参考答案

【理论知识部分】

(一)判断题

1.× 2.√ 3.× 4.× 5.√ 6.√ 7.× 8.× 9.× 10.× 11.× 12.√ 13.× 14.√ 15.√ 16.√ 17.√ 18.√ 19.√ 20.√ 21.√ 22.× 23.× 24.× 25.× 26.√ 27.× 28.× 29.× 30.√ 31.√ 32.√ 33.√ 34.√ 35.× 36.√ 37.× 38.× 39.× 40.√ 41.× 42.× 43.√ 44.√ 45.× 46.√ 47.√ 48.√ 49.√ 50.×

(二)单项选择题

1.C 2.C 3.B 4.C 5.B 6.A 7.B 8.A 9.B 10.B 11.D 12.B 13.A 14.C 15.C 16.A 17.D 18.B 19.C 20.C 21.D 22.B 23.B 24.D 25.D

(三)多项选择题

1.ABC 2.ABC 3.ABC 4.ABC 5.ABCD 6.ABCD 7.ABC 8.ABC 9.ABCD 10.ABCD 11.ABC 12.AB 13.ABCD 14.ABCD 15.ABC 16.ACD 17.ABC 18.ABC 19.BC 20.AD 21.ABCD 22.ABC 23.ABCD 24.AB 25.ABC

【技能部分】

（一）项目策划题

答题思路

1. 引发其他部门员工不满的原因

（1）薪酬调整太随意，引发内部不公平，导致员工不满意。

（2）薪酬管理缺乏考虑核心人员保留和激励，引发服装设计师流失率增大的风险。

2. 进行薪酬调整的要点

（1）薪酬调整要满足外部竞争性、内部公平性和员工激励性。

（2）进行市场薪酬调研和工作分析，为不同岗位设计薪酬水平、结构和策略。

（3）薪酬体系设计要关注核心员工如何保留，重新设计薪酬结构。

（4）不同的岗位采用不同的薪酬结构。例如，销售人员采用绩效为主的薪酬结构，设计师采用基于岗位能力的薪酬结构。

（二）案例分析题

答题思路

1. 导致江浩公司核心人员离职的主要原因

核心人员的离职主要是因为企业的薪酬问题。

（1）缺乏对薪酬市场的调查，薪酬的外部竞争力逐步下降。

（2）没有及时调整薪酬水平，薪酬缺乏动态变化，导致前高后低。

2. 江浩公司调整薪酬需要考虑的因素

（1）解决外部竞争性，提高核心人员的薪酬水平。

（2）考虑内部公平性，通过进行工作分析、岗位评估，重新设计薪酬结构，总体上体现价值公平、机会公平和过程公平。

（3）考虑对员工的激励性，根据员工的实际贡献付酬，并且适当拉开薪酬差距，使不同业绩的员工能在心理上察觉到这个差距，并产生激励作用。

6

第六单元

劳动关系管理

一、学习要求

通过本单元的学习，学员应了解劳动关系、劳动法律关系和职业安全卫生的基本知识；掌握劳动法和劳动合同法的基本概念、主要内容和原则；掌握劳动合同制定、签订、更改、解除、终止、续订等实务操作。

二、职业鉴定考核要点

【理论知识部分】

鉴定范围	鉴定点	知识点	重要系数
劳动关系和劳动法律关系	劳动关系	劳动关系的含义	1
		劳动关系的特点	
	劳动法律关系	劳动法律关系的含义	5
		劳动法律关系的内容	
		劳动法律关系的主体	
		劳动法律关系的客体	
劳动法和劳动合同法	劳动法	劳动法的概念	9
		劳动法的存在形式	
		劳动法的主要内容	
		劳动法的基本原则	
	劳动合同法	劳动合同的概念	9
		劳动合同的分类	
		劳动合同的内容	
		劳动合同的签订、履行与变更	
		劳动合同的文档管理	9
		劳动合同的解除与终止	
职业安全卫生	职业安全卫生概述	职业安全卫生的概念	5
		职业安全卫生立法的概况	
	劳动安全与卫生技术规程	劳动安全技术规程	5
		劳动卫生技术规程	
	劳动保护管理制度	安全生产管理制度	1
		安全生产监督管理制度	
		安全生产检查制度	
		安全生产举报制度	

续表

鉴定范围	鉴定点	知识点	重要系数
职业安全卫生	劳动保护管理制度	安全生产事故应急救援制度	1
		安全生产事故调查处理制度	
	职业病防治管理制度	职业病危害预防制度	
		职业病危害监测、检测和评价制度	5
		职业病危害告知制度	
		职业病健康监护制度	

【技能部分】

序号	鉴定内容	重要系数
1	劳动合同的签订	9
2	劳动合同的变更与解除	9
3	员工职业安全的管理与指导	5

三、练习题

【理论知识部分】

（一）判断题（下列判断正确的请打“√”，错误的打“×”）

1. 劳动关系又叫作雇佣关系、员工关系、劳资关系、劳工关系、劳务关系。（ ）
2. 劳动法是调整劳动关系的法律规范的总和。（ ）
3. 劳动关系是一种经济利益关系。（ ）
4. 劳动法律关系的产生使一般的劳动关系上升为法律关系。（ ）
5. 自然人是劳动法律关系的主体。（ ）
6. 劳动法律关系既包括个别劳动法律关系，也包括团体劳动法律关系。（ ）
7. 劳动关系的客体是指劳动法律关系主体之间的劳动权利共同指向的对象，也就是劳动者。（ ）
8. 受到法律的保护，劳动关系双方的谈判力量是对等的。（ ）
9. 劳动法律关系的构成包括主体和客体两个要素。（ ）
10. 执业资格是指从事某一专业或工种所需的学识、技术和能力的起点标准。（ ）
11. 从业资格是指政府对某些责任较大、社会通用性强、关系公共利益的专业或工种实行准入控制，是依法独立开业或从事某一特定专业（工种）必备的学识、技术和能力标准。（ ）
12. 律师、医生执业均需要获得执业资格。（ ）

13. 被国家司法部门依法剥夺自由期间的公民，只要具有劳动能力，也可以成为劳动法律关系的主体。（ ）

14. 我国劳动法不仅调整劳动关系，也调整与劳动关系密切联系的其他社会关系。（ ）

15. 劳动法中的企业规章制度是指与劳动人事相关的规章制度，既是用人单位的法定权利，也是用人单位的法定义务。（ ）

16. 对劳动者的倾斜保护是劳动法基本原则之一。（ ）

17. 按照《劳动合同法》第十条规定，用人单位与劳动者建立劳动关系，可以订立书面或者口头劳动合同。（ ）

18. 集体劳动合同必须由工会与用人单位签订。（ ）

19. 在有集体劳动合同的用人单位中，个人劳动合同的工作条件可以低于集体劳动合同的标准。（ ）

20. 根据用工方式，可将劳动合同分为一般劳动合同、非全日制劳动合同、劳务派遣合同、小时工劳务合同。（ ）

21. 无固定期限劳动合同不约定劳动合同的终止期限，用人单位不可以解除劳动合同。（ ）

22. 专项协议是对劳动合同中特定权利的补充，必须在订立劳动合同时约定。（ ）

23. 劳动合同一经订立，即成为双方当事人存在劳动关系的法律依据，是处理劳动争议的直接证据和依据。（ ）

24. 劳动者可以让第三人替代自己履行劳动给付义务，只要符合劳动合同的约定。（ ）

25. 完备和明确是法律对劳动合同条款的基本要求。（ ）

26. 劳动合同条款包括法定必备条款和可选条款两种。（ ）

27. 用人单位为了防止劳动过程中的事故、减少职业危害、保障劳动者的生命安全和健康而采取的各种措施，是劳动条件中的其他劳动条件。（ ）

28. 劳动合同的约定条款是法定必备条款的必要补充，其具备与否，对劳动合同可否依法成立，没有决定性意义。（ ）

29. 竞业限制是指约定劳动者对用人单位商业机密或知识产权的保密事项负保密义务的条款。（ ）

30. 保密条款是一种限制劳动者就业权的特殊条款，即约定禁止劳动者参与或者从事与用人单位同业竞争的活动以保守用人单位商业秘密的合同条款。（ ）

31. 用人单位在公开招收工人时，要贯彻公开招收，自愿报名，德、智、体全面考核，择优录用的原则，这是劳动合同订立的内容合法的要求。（ ）

32. 协商一致原则要求双方当事人就劳动合同的条款达成一致意见，如对具体条款意见不一致，劳动合同不能成立，这是劳动合同订立的平等自愿原则的要求。（ ）

33. 订立劳动合同应当遵循合法、公平、平等自愿、协商一致、诚实信用的原则。（ ）

34. 合同当事人双方都必须以自己的行为履行各自依据劳动合同所承担的义务，这是劳动合同履行的全面履行原则。（ ）

35. 实际履行原则是指劳动合同当事人双方按照劳动合同约定的标的及其数量、种类、质量、时间、地点、方式等全面完成自己所承担的全部义务。（ ）

36. 合同双方当事人应当按照合同约定的实际标的履行各自的义务、实现各自的权利，而不能用其他标的或方式代替，这是劳动合同全面履行原则的要求。（ ）

37. 根据劳动合同亲自履行原则的要求，任何情况下，劳动合同的任何一方当事人都只向对方当事人履行义务，并且要求对方当事人履行义务的请求不得转给第三人。（ ）

38. 劳动合同在依法订立后，由于情况变更而引起双方当事人协商一致后对原合同内容做部分改变，称作劳动合同的重新订立。（ ）

39. 劳动合同期限届满之前，当事人单方面或双方提前终止劳动关系的合法行为，称作劳动合同的终止解除。（ ）

40. 发现劳动者不能胜任工作，用人单位可直接单方面解除劳动合同。（ ）

41. 企业经济性裁员的法定事由有两个：一是用人单位濒临破产进行法定整顿期间；二是用人单位的生产经营发生严重困难，达到政府规定的严重困难企业标准。（ ）

42. 为主营业务岗位提供服务的非主营业务岗位，是派遣法规定的替代性工作岗位。（ ）

43. 用人单位应自招用之日起60日内，办妥招工备案手续。（ ）

44. 劳动合同变更应采用书面形式。（ ）

45. 劳动合同变更需要双方协商后签订变更协议。（ ）

46. 劳动合同档案应由专门机构统一管理，企业一般由人力资源部管理。（ ）

47. 对超过两年以上的已履行完毕的合同协议，可以予以销毁。（ ）

48. 出具终止、解除劳动合同证明书，是用人单位的义务。（ ）

49. 我国劳动保护工作的方针是“安全第一、预防为主”。（ ）

50. 劳动安全技术规程是指以防止和消除伤亡事故的技术规则为基本内容的法律规范。（ ）

（二）单项选择题（下列每题的选项中，只有1个是正确的，请将其代号填在括号内）

1. 一般规定年满（ ）周岁为法定就业年龄。

A. 16　　B. 18　　C. 20　　D. 22

2. 从事特种作业的人员必须年满（ ）周岁。

A. 16　　B. 18　　C. 20　　D. 22

3. 执业资格必须通过（ ）取得。

A. 学历认定　　B. 考试　　C. 单位评定　　D. 专家认定

4. 工作时间和休假的规定属于（　　）。
A. 劳动基准法　B. 劳动关系法　C. 劳动保障法　D. 劳动行政法

5. 集体合同的规定属于（　　）。
A. 劳动基准法　B. 劳动关系法　C. 劳动保障法　D. 劳动行政法

6. 社会保险的规定属于（　　）。
A. 劳动基准法　B. 劳动关系法　C. 劳动保障法　D. 劳动行政法

7. 劳动稽查属于（　　）。
A. 劳动基准法　B. 劳动关系法　C. 劳动保障法　D. 劳动行政法

8. 劳动合同中的约定条款包括（　　）。
A. 试用期　B. 劳动合同期限
C. 劳动报酬　D. 劳动保护和劳动条件

9. 劳动合同中的法定必备条款包括（　　）。
A. 试用期　B. 保密义务条款
C. 竞业限制　D. 劳动保护和劳动条件

10. 劳动者与用人单位约定的必须为用人单位提供服务的期限是（　　）。
A. 劳动合同期限　B. 服务期
C. 竞业限制期　D. 商业秘密保密期

11. 标准工作时间是每周工作（　　）个小时，超过部分均应视为加班。
A. 35　B. 40　C. 45　D. 50

12. 《劳动合同法》第 19 条规定：劳动合同期限一年以上不满三年的，试用期不得超过（　　）个月。
A. 1　B. 2　C. 3　D. 4

13. 《劳动合同法》第 19 条规定：试用期最长不得超过（　　）个月。
A. 3　B. 4　C. 5　D. 6

14. 一般情况下，（　　）不属于适用竞业限制的人员。
A. 高级管理人员　B. 高级技术人员
C. 有保密义务的人员　D. 一线技术工人

15. 法律规定，竞业限制的期限不得超过（　　）年。
A. 1　B. 2　C. 3　D. 4

16. 劳动者必须具备法定年龄和其他法律规定的条件，才能被用人单位录用，这是劳动合同程序合法中的（　　）。
A. 形式合法　B. 录用合法　C. 主体合法　D. 客体合法

17. 已建立劳动关系、未同时订立书面劳动合同的，用人单位应当自用工之日起（　　）内订立书面劳动合同。
A. 7 日　B. 15 日　C. 1 个月　D. 2 个月

18.（　　）适用无过失性辞退。

A. 在试用期间被证明不符合录用条件的

B. 劳动者同时与其他用人单位建立劳动关系的

C. 被依法追究刑事责任的

D. 劳动者不能胜任工作，经过培训或者调整工作岗位仍不能胜任工作的

19.（　　）适用过失性辞退。

A. 在试用期间被证明不符合录用条件的

B. 劳动合同订立时所依据的客观情况发生重大变化的

C. 劳动者患病或者非因工负伤的

D. 劳动者不能胜任工作，经过培训或者调整工作岗位仍不能胜任工作的

20. 裁减不足 20 人但占企业职工总数（　　）以上属于用人单位经济性裁员。

A. 10%　　B. 15%　　C. 20%　　D. 25%

21. 法律对用人单位的经济性裁员从程序上做了一定限制，要求用人单位在决定裁员时，应提前（　　）日向工会或全体职工说明情况，听取工会或职工的意见。

A. 15　　B. 30　　C. 45　　D. 60

22. 劳动者在试用期内提前（　　）通知用人单位，可以解除劳动合同。

A. 3 天　　B. 7 天　　C. 2 周　　D. 1 个月

23. 经济补偿按劳动者在本单位工作的年限支付，六个月以上不满一年的，补偿劳动者（　　）个月工资。

A. 1　　B. 半　　C. 2　　D. 3

24. 劳动者患病或非因工负伤，经鉴定不能从事原工作，也不能从事用人单位另行安排的工作而解除劳动合同的，除给予经济补偿金外，同时还应发给其不低于（　　）个月的工资作为医疗补助费。

A. 3　　B. 6　　C. 9　　D. 12

25. 上海用人单位应自招用之日起（　　）日内，向用人单位注册或经营所在地区劳动保障部门所属就业服务机构办妥招工备案手续。

A. 15　　B. 30　　C. 45　　D. 60

（三）多项选择题（下列每题的选项中，至少有 2 个是正确的，请将其代号填在括号内）

1. 通常劳动关系概念包含（　　）等方面。

A. 由劳动者个人与用人单位之间构成的个别劳动关系

B. 由工会为代表的劳动者与用人单位构成的集体劳动关系

C. 实现劳动过程中劳动者与劳动力使用者，以及相关的社会组织之间的社会经济关系

D. 为实现劳动过程而形成的一种社会关系

E. 企业与退休返聘人员形成的劳动关系

2. 劳动关系的特点是：因劳动者与生产资料相结合而产生的社会关系；是一种经济利益关系；（　　）等。

A. 具有人身从属性的社会关系　　B. 劳动关系双方的谈判力量不对等

C. 是冲突与合作的统一　　D. 是受法律调整的社会关系

E. 是受法律调整的行政隶属关系

3. 形成劳动关系需要的条件包括（　　）。

A. 劳动者是自由的独立个体

B. 劳动者以工作为谋生手段

C. 掌握生产资料的用人单位需要劳动者提供劳动

D. 签订劳动合同

E. 在企业上班

4. 劳动关系双方的谈判力量不对等的原因包括（　　）。

A. 两者对劳动关系的依赖不同　　B. 资本的稀缺性

C. 信息的不对称　　D. 劳动关系的经济利益属性

E. 两者利益不同

5. 原劳动和社会保障部 2005 年 12 号文《关于确立劳动关系有关事项的通知》指出，劳动关系成立应该满足的条件是（　　）。

A. 用人单位和劳动者符合法律、法规规定的主体资格

B. 用人单位依法制定的各项劳动规章制度适用于劳动者

C. 劳动者受用人单位的劳动管理，从事有报酬的劳动

D. 劳动者提供的劳动是用人单位业务的组成部分

E. 劳动者付出劳动

6. 下列不属于劳动法律关系的是（　　）。

A. 承揽加工　　B. 劳务合同　　C. 招募大学生实习

D. 聘用退休工人　　E. 非全日制员工

7. 劳动法律关系的主体是指依劳动法享有权利和承担义务的劳动法律关系当事人，包括（　　）。

A. 劳动者　　B. 用人单位　　C. 工会

D. 职代会　　E. 行业协会

8. 从业资格必须通过（　　）取得。

A. 学历认定　　B. 考试　　C. 单位评定

D. 专家认定　　E. 上级颁发

9. 我国从（　　）等方面对自然人成为劳动法律关系的主体做出了规定。

A. 年龄　　B. 健康　　C. 智力

D. 行为自由　　E. 政治清白

10. 用人单位的具体权利有（　　）。

A. 招工权　　B. 辞退权　　C. 用人权

D. 奖惩权　　E. 分配权

11. 在调整劳动关系方面，工会具有（　　）等。

A. 参与权　　B. 缔约权　　C. 监督权

D. 调处权　　E. 决策权

12. 我国劳动法调整与劳动关系密切联系的其他社会关系，包括（　　）等。

A. 处理劳动争议而发生的关系

B. 执行社会保险而发生的关系

C. 监督劳动法令的执行而发生的关系

D. 因劳动行政管理而发生的关系

E. 因绩效考核而发生的争议关系

13. 劳动法律内容包括（　　）。

A. 劳动基准法　　B. 劳动关系法　　C. 劳动保障法

D. 劳动行政法　　E. 劳动调解法

14. 劳动法基本原则是贯穿于劳动法各项具体制度之中的基本准则，包括（　　）。

A. 劳动关系主体权利和义务统一原则　　B. 劳动力资源合理配置原则

C. 法律面前人人平等原则　　D. 促进经济发展和社会进步原则

E. 执法必严原则

15. 劳动合同的专项协议指已经确立劳动关系的劳动者与用人单位就某事项签订的专项契约，一般包括（　　）。

A. 服务期协议　　B. 培训协议　　C. 保守商业秘密协议

D. 竞业限制协议　　E. 补充保险协议

16. 劳动合同期限分为若干类型，包括（　　）。

A. 无固定期限劳动合同

B. 有固定期限劳动合同

C. 以完成一定工作任务为期限的劳动合同

D. 以承包某项工程为期限的劳动合同

E. 约定终止类型的劳动合同

17. 我国的工时制度主要包括（　　）。

A. 标准工时制　　B. 综合计算工时制

C. 不定时工时制　　D. 非标准工时制

E. 小时工工作制

18. 劳动合同的法定必备条款包括（　　）。

A. 劳动合同期限　　　　　　　　B. 劳动报酬

C. 试用期　　　　　　　　　　　D. 社会保险

E. 保密协议

19. 劳动合同的约定条款主要包括（　　）等。

A. 劳动合同期限　　　　　　　　B. 服务期约定

C. 试用期　　　　　　　　　　　D. 社会保险

E. 工作时间

20. 劳动合同订立的程序合法包括（　　）。

A. 形式合法　　B. 主体合法　　C. 录用合法

D. 客体合法　　E. 解除合法

21. 用人单位未与劳动者签订劳动合同，劳动者可通过（　　）等方式证明劳动关系的存在。

A. 职工名册

B. 工资支付凭证或记录

C. 缴纳各项社会保险费的记录

D. 用人单位向劳动者发放的“工作证”“服务证”等能够证明身份的证件

E. 其他工友的证言

22. 在实际活动中，有不少当事人单方请求变更劳动合同的情况，这时应该满足的条件包括（　　）。

A. 不可抗力使原合同履行成为不可能

B. 国家政策的变化使原劳动合同已不符合法律规定

C. 劳动合同订立时的客观情况发生了重大变化

D. 劳动者情况发生重大变化而无法履行原劳动合同

E. 劳动者工作业绩考核不达标

23. 劳动合同的履行应当遵循的原则包括（　　）。

A. 实际履行原则　　　　　　　　B. 全面履行原则

C. 亲自履行原则　　　　　　　　D. 第三方履行原则

E. 属地化履行原则

24. 我国《劳动合同法》第 42 条规定即使在许可辞退的情形下也不得辞退的情形，即劳动者有下列情形之一，用人单位不得依据该法第 40 条、第 41 条的规定解除劳动合同，包括（　　）。

A. 从事接触职业病危害作业的劳动者未进行离岗前职业健康检查

B. 在本单位患职业病或者因工负伤并被确认丧失或者部分丧失劳动能力

C. 患病或者非因工负伤，在规定的医疗期内

D. 在本单位连续工作满十五年，且距法定退休年龄不足五年

E. 重大项目没有完工

25. 职业病危害的告知制度是指用人单位或其他单位，对可能产生职业病危害的作业场所或者设备、材料，应履行如实告知义务，包括（　　）。

A. 工作场所危害告知　　B. 设备、材料危害告知

C. 劳动合同告知　　D. 部门培训告知

E. 邮件告知

【技能部分】

（一）项目策划题

案例背景

王某在华康公司市场部工作了5年，由于身患重病，休了半年病假，病假期满后公司安排她去行政办公室工作，但是王某由于身体原因还是不能适应新岗位工作。王某的合同还有2年才到期。公司经过研讨后决定，与王某解除劳动合同，并根据王某的工作年限，给予王某5个月的工资作为经济补偿金。出于对老员工的照顾，公司又给予了2个月的医疗补助金。

案例思考

1. 华康公司是否可以解除与王某的劳动合同？为什么？
2. 经济补偿金和医疗补助金应如何计算？

（二）案例分析题

案例背景

王某以非全日制员工的方式为思乐公司工作了5年。2014年1月，思乐公司认为原来约定的阶段性工作任务已经完成，决定不再继续聘用王某。王某说他和公司是劳动关系，公司需要按照《劳动合同法》的规定，支付他经济补偿金。而公司认为从来没有和王某签订劳动合同，双方只是以完成特定任务约定的劳务关系，不适用《劳动合同法》。

案例思考

1. 请阐述王某和公司的纠纷究竟谁对谁错？为什么？
2. 如何判定这起纠纷？

四、参考答案

【理论知识部分】

（一）判断题

1. × 2. √ 3. √ 4. √ 5. √ 6. √ 7. × 8. × 9. × 10. × 11. × 12. √ 13. × 14. √ 15. √ 16. √ 17. × 18. × 19. × 20. × 21. × 22. × 23. √ 24. × 25. √ 26. × 27. × 28. × 29. × 30. × 31. × 32. × 33. √ 34. × 35. × 36. × 37. √ 38. × 39. × 40. × 41. √ 42. × 43. × 44. √ 45. √

46. √ 47. √ 48. √ 49. √ 50. √

（二）单项选择题

1. A 2. B 3. B 4. A 5. B 6. C 7. D 8. A 9. D 10. B 11. B 12. B 13. D 14. D 15. B 16. C 17. C 18. D 19. A 20. A 21. B 22. A 23. A 24. B 25. B

（三）多项选择题

1. ABC 2. ABCD 3. ABC 4. ABC 5. ABCD 6. ABCD 7. ABC 8. AB 9. ABCD 10. ABCDE 11. ABCD 12. ABCD 13. ABCD 14. ABD 15. ABCDE 16. ABC 17. ABC 18. ABD 19. BC 20. ABC 21. ABCDE 22. ABCD 23. ABC 24. ABCD 25. ABC

【技能部分】

（一）项目策划题

答题思路

1. 华康公司是否可以解除与王某的劳动合同及其原因

（1）企业不能解除与王某的劳动合同。

（2）劳动者患病或者非因工负伤，医疗期满后仍不能从事原工作，也不能从事由单位另行安排工作的，需要由劳动鉴定委员会进行劳动能力鉴定。

2. 经济补偿金和医疗补助金的计算方法

（1）根据在单位的工作年限，每满一年发给相当于一个月工资的经济补偿金，同时还应发给不低于六个月工资的医疗补助金。

（2）患重病和绝症的还应增加医疗补助金，患重病的增加部分不低于医疗补助金的50%，患绝症的增加部分不低于医疗补助金的100%。

（二）案例分析题

答题思路

1. 王某与思乐公司的纠纷谁对谁错及其原因

双方的说法都有错误。

首先，非全日制用工与用人单位之间是劳动关系，而不是劳务关系。

其次，非全日制用工可以不签订书面合同，而以口头协议的形式成立。

最后，以完成特定任务约定的工作协议，双方可以按照约定终止劳动关系，用人单位无须支付经济补偿。

2. 本纠纷的判定结果

思乐公司可以解除与王某的劳动关系，且不用支付经济补偿金。

企业人力资源管理师（四级）鉴定方案

一、鉴定方式

企业人力资源管理师（四级）的鉴定方式采用机考、笔试方式进行。考核分为 2 个模块，均实行百分制，成绩皆达 60 分及以上者为合格。不合格者可按规定分模块补考。

二、考核方案

考核模块表

<table>
<tr><td colspan="2">职业（工种）名称</td><td colspan="2">企业人力资源管理师</td><td rowspan="2">等级</td><td colspan="3" rowspan="2">四级</td></tr>
<tr><td colspan="2">职业代码</td><td colspan="2"></td></tr>
<tr><td>序号</td><td>模块名称</td><td>单元编号</td><td>单元内容</td><td>考核方式</td><td>选考方法</td><td>考核时间（min）</td><td>配分（分）</td></tr>
<tr><td>1</td><td>专业知识</td><td>1</td><td>专业知识</td><td>机考</td><td>必考</td><td>90</td><td>100</td></tr>
<tr><td>2</td><td>专业技能</td><td>1</td><td>实务操作</td><td>笔试</td><td>必考</td><td>90</td><td>100</td></tr>
<tr><td colspan="6">合计</td><td>180</td><td>200</td></tr>
<tr><td>备注</td><td colspan="7"></td></tr>
</table>

理论知识考试模拟试卷

一、判断题（下列判断正确的请打“√”，错误的打“×”。每题0.5分，共50分）

1. 人力资源是生产活动中最活跃的因素，也是一切资源中最重要的资源，被经济学家称为第一资源。（　）

2. 人力资源的质量是人力资源所具有的体质、智力、知识和技能水平，以及劳动者的劳动态度。（　）

3. 人力资源是指能够推动国民经济和社会发展的、具有智力劳动和体力劳动能力的人的总和，它包括数量和质量两个方面。（　）

4. 传统人事管理主要集中于企业的人事管理，即按照国家劳动人事政策和上级主管部门发布的劳动人事管理规定、制度对职工进行管理，人事部门具有人事制度的调整权限。（　）

5. 人力资源管理更加注重人在组织中的作用，把人作为重要的生产资源看待，管理的形式和目的是“控制人”。（　）

6. 通过企业文化、信息沟通、人际关系、矛盾冲突化解等有效整合，使企业内部的个体、群众的目标、行为、态度趋向企业的要求和理念，是人力资源管理的发展职能。（　）

7. 人力资源管理中，评价职能的核心是工作评价。（　）

8. 员工是否能支配或者控制关键行为的后果属于关键事件描述内容之一。（　）

9. 关键事件是使工作成功或失败的行为特征或事件（如盈利与亏损、高效与低产等）。（　）

10. 工作日志法是指由工作者在一段时间内定期记下工作的细节，包括时间、方法、工作内容、工作程序等，以此了解工作的性质。（　）

11. 工作实践法又称工作参与法，是指岗位分析人员直接参与某一岗位的工作，从而细致、全面地体验、了解和分析岗位特征及岗位要求的方法。（　）

12. 交叉反馈法需要工作分析专家与从事被分析岗位工作的骨干人员或其主管人员交谈、沟通。（　）

13. 工作实践法受分析人员本身的知识与技术的影响较大。（　）

14. 调查问卷可以分为普遍问卷与特定问卷。（　）

15. 实践证明，能力很强的人如果与企业文化不能融合，对企业的发展也会有不利之处。（　）

16. 新技术的运用使招聘筛选和面试的时间越来越少，花费越来越少，筛选和面试的

要求越来越严格。（ ）

17. 招聘大致可以分为发布广告、招募、甄选、录用、签订合同五个阶段。（ ）

18. 工作规范通常包含招聘岗位的工作活动或工作职责。（ ）

19. 人员招聘管理是组织人力资源管理的重要部分，属于人力资源输入环节。（ ）

20. 人员招聘是根据组织人力资源规划和工作分析的数量与质量要求，采用一定的方法吸纳或寻找具备任职资格和条件的求职者，并采取科学有效的选拔方法，筛选出符合本组织所需人才并予以聘用的管理活动。（ ）

21. 企业通过人才招聘活动，在招收到所需人才的同时，也能通过招聘工作的运作和招聘人员的素质向外界展示企业良好的形象。（ ）

22. 有效的招聘可以推进组织内部合理的竞争意识和主动精神，通过合理的流动，增强员工的危机感，刺激员工内在潜力的发挥，有效地进行人员的优化配置。（ ）

23. 有效招聘就是指组织或招聘者在适宜的时间范围内采取适宜的方式实现人、部门、组织三者的最佳匹配。（ ）

24. 能岗匹配原则指尽可能以最低的招聘费用，录用到高素质、适合组织需要的人员。（ ）

25. 效率原则是指组织或招聘者在适宜的时间范围内，采取适宜的方式，实现人、职位、组织三者的最佳匹配。（ ）

26. 对于一般职位的员工，根据其提供的联系方式，致电前任公司进行背景调查即可。（ ）

27. 背景调查要坚决避免涉及个人隐私的问题，还要做好书面形式的记录，以作为是否录用该应聘者的依据。（ ）

28. 校园招聘是一种特殊的外部招聘途径，狭义的校园招聘是指招聘组织（企业等）直接从学校招聘各类各层次应届毕业生。（ ）

29. 在校园招募的选择中，该校历届毕业生在本公司的业绩和服务年限不是重要的参考因素，因为过去不代表未来。（ ）

30. 在选择招募学校和专业时，该学校或专业是否是公司总经理及其他高层管理人员的母校，并不是一个很重要的因素。（ ）

31. 除了与大学的学生工作部门和人事部门建立良好关系之外，与教师或教授的关系目前被越来越看重，“教授计划”已成为校园招募的一种新形式。（ ）

32. 校园招聘对于招聘人员来说比较简单，所以不需要招聘人员具备很高的测评面谈水平。（ ）

33. 态度培训主要培养员工与公司相互间的认同感、信任感，培养员工对公司的忠诚度，以及完成工作应当具备的心理素质等。（ ）

34. 知识培训使员工掌握完成本职工作所必备的技能，如谈判技能、操作技能、人际关系技能等。（ ）

35. 技能培训使员工掌握完成本职工作所必备的技能，如操作技能、人际关系技能等。（ ）

36. 一个完整的培训系统包括分析培训需求、制订培训计划和实施培训计划三个步骤。（ ）

37. 开发是给新员工或现有员工传授其完成本职工作所必需的基本技能。（ ）

38. 培训主要是指管理开发，指一切通过传授知识、转变观念或提高技能来改善当前或未来管理工作绩效的活动。（ ）

39. 培训侧重于企业通过外在需求加给员工的某些知识、技能，以适应企业发展的需要。（ ）

40. 培训与开发可以实现员工个人发展与企业发展的双向互动，是一种共生共荣的良性互动关系，可以使员工与企业都能得到很好的发展。（ ）

41. 按培训对象分，培训可分为决策人员培训、管理人员培训、技术人员培训、业务人员培训和操作人员培训。（ ）

42. 无论培训还是开发，都是企业有意识、有目的、有计划的活动。（ ）

43. 站在公司的生存角度来看，员工培训就是要把因员工知识不足、能力不足、态度不积极而产生的机会成本的浪费控制在最小限度。（ ）

44. 新员工培训开发又称入职培训、员工引导等。（ ）

45. 入职培训可以帮助新员工尽快熟悉、适应新的工作环境，尽快融入新的团队，正确定位自己的角色，进而开始发挥自己的才能。（ ）

46. 新员工既包括应届毕业生，也包括在其他企业或组织工作过的员工。（ ）

47. 新员工引导要给新员工提供有关组织的基本背景情况、人员关系、工作内容、规章制度、组织期望等。（ ）

48. 如果入职培训做得不好，将会导致新员工无法有效地融入新的组织环境，使他们产生距离感。（ ）

49. 企业文化培训是入职培训的重要内容。（ ）

50. 员工手册是新员工入职培训的重要材料。（ ）

51. 绩效管理的最终目的在于绩效改进，因此是结果导向的。（ ）

52. 整个绩效实现过程中，需要进行持续的绩效沟通。（ ）

53. 绩效管理结束的标志是完成绩效考核。（ ）

54. 绩效记录可以作为劳动争议的事实依据。（ ）

55. 正式绩效记录文档需要员工和经理双方签字。（ ）

56. 配对比较法适用于人数较多的部门。（ ）

57. 需要从多个维度或方面分析与评价绩效，这是绩效的多因性。（ ）

58. 员工的绩效会随着时间的推移而变化，这是绩效的动态性。（ ）

59. 员工绩效的优劣并不取决于单一因素，而是受制于主、客观的多种因素，这是绩

效的多维性。 ( )

60. 绩效管理通过及时的事后评价，达到绩效管理的最终目的。 ( )

61. 绩效管理注重持续的沟通，通过组织和员工双赢策略，达到绩效管理的最终目的。 ( )

62. 访谈法可以分为结构访谈和非结构访谈、直接访谈和间接访谈等。 ( )

63. 问卷的形式应以开放性问题为主，封闭性问题为辅。 ( )

64. 在信息收集的过程中，要让员工参与。 ( )

65. 在信息收集的过程中，既要收集事实，又要收集判断。 ( )

66. 绩效数据是员工工作过程中经加工的素材。 ( )

67. 绩效管理的各类表格不应该作为绩效管理工作的重点，在资源允许的情况下，需要将这些表格归类整理。 ( )

68. 在员工或管理者离任或调走时，绩效管理文档是重要的决策依据。 ( )

69. 薪酬管理就是工资管理。 ( )

70. 总体而言，薪酬可分为基本薪酬、可变薪酬和间接薪酬。 ( )

71. 基本薪酬、可变薪酬和间接薪酬都以货币形式出现。 ( )

72. 广义的薪酬是指企业支付给员工回报的总和，包括各项货币性和实物性回报，以及外在的非财务性回报。 ( )

73. 参与决策的权利、较有趣的工作，都属于广义的薪酬。 ( )

74. 在劳动经济学里，人们对工资的定义，就形式而言，工资是以货币形式按期付给劳动者的劳动报酬。 ( )

75. 按照我国《劳动法》的规定，工资应当以货币形式或非货币形式按月支付给劳动者本人。 ( )

76. 应扣款包括代扣款、直接扣款和代缴款。 ( )

77. 出差伙食补助费、误餐补助费、调动工作的旅费和安家费，也是企业工资总额的构成部分。 ( )

78. 有关离休、退休、退职人员待遇的各项支出，不计入企业工资总额。 ( )

79. 工资效益反映投入的工资成本所能得到的利润。 ( )

80. 企业通过薪酬统计结果，可以控制和优化人力资源成本。 ( )

81. 通过薪酬统计结果，可以分析企业在用人上是否合理，从而调整企业的用人制度。 ( )

82. 计件工资根据计时工资标准和工作时间计算支付的劳动报酬。 ( )

83. 企业进行有效的薪酬管理，可以节约大量人工成本，体现了薪酬的调节功能。 ( )

84. 激励工资和绩效工资是不同的。虽然两者都受到员工业绩的影响，但绩效工资以支付工资的方式影响员工将来的行为，而激励工资侧重于对过去突出业绩的认可。 ( )

85. 薪酬管理就是企业对员工薪酬的支付标准、发放水平和要素结构进行确定、分配和调整的过程。（　　）

86. 企业整体的薪酬水平、薪酬结构和薪酬形式要保持动态性，与其他行业、同行等的薪酬水平保持动态的平衡，这是薪酬管理的及时性原则。（　　）

87. 劳动关系又叫作雇佣关系、员工关系、劳资关系、劳工关系、劳务关系。（　　）

88. 劳动法是调整劳动关系的法律规范总和。（　　）

89. 劳动关系是一种经济利益关系。（　　）

90. 劳动法律关系的产生使一般的劳动关系上升为法律关系。（　　）

91. 自然人是劳动法律关系的主体。（　　）

92. 派遣单位与用工单位之间订立的劳务派遣协议属于劳动合同的范畴。劳务派遣协议对劳务派遣相关事项做出具体安排，约定派遣单位与用工单位之间的权利义务。（　　）

93. 在非全日制用工中，用人单位和劳动者之间形成的是民事雇佣关系。（　　）

94. 依据《劳动合同法》的规定，若非全日制用工双方当事人任何一方终止用工，需要提前 3 日通知对方。（　　）

95. 我国劳动保护工作的方针是“安全第一、预防为主”。（　　）

96. 劳动安全技术规程是指以防止和消除伤亡事故的技术规则为基本内容的法律规范。（　　）

97. 执业资格是指从事某一专业或工种所需的学识、技术和能力的起点标准。（　　）

98. 从业资格是指政府对某些责任较大、社会通用性强、关系公共利益的专业或工种实行准入控制，是依法独立开业或从事某一特定专业（工种）必备的学识、技术和能力标准。（　　）

99. 律师、医生执业均需要获得执业资格。（　　）

100. 被国家司法部门依法剥夺自由期间的公民，只要具有劳动能力，也可以成为劳动法律关系的主体。（　　）

二、单项选择题（下列每题的选项中，只有 1 个是正确的，请将其代号填在括号内。每题 0.5 分，共 40 分）

1. 下列关于现代人力资源管理的描述，不正确的是（　　）。

A. 视员工为有价值的重要资源

B. 管理的目的在于保障组织短期目标的实现

C. 满足员工自我发展的需要，保障组织长远利益的实现

D. 人力资源管理处于决策层的地位

2. 下列关于传统人事管理的描述，不正确的是（　　）。

A. 视员工为成本负担

B. 人力资源部是生产与效益部门

C. 管理的目的在于保障组织短期目标的实现

D. 以事为中心的管理模式

3. 通过薪酬、考核、晋升等一系列管理活动，保持员工的积极性、主动性、创造性，维护劳动者的合法权益，是人力资源管理的（　　）职能。

A. 获取　　B. 整合　　C. 保持　　D. 评价

4. 通过员工培训、工作丰富化、职业生涯规划与开发，促进员工知识、技能和其他方面素质的提高，是人力资源管理的（　　）职能。

A. 获取　　B. 整合　　C. 保持　　D. 发展

5. 人力资源管理评价职能的核心是（　　）。

A. 工作评价　　B. 绩效考核　　C. 满意度调查　　D. 工作分析

6. 上下级汇报关系、同级协作关系，是工作分析的（　　）阶段的工作。

A. 工作任务和职责分析　　B. 工作关系分析

C. 工作投入产出分析　　D. 工作过程分析

7. （　　）的成本较低，且能快速获取信息。

A. 问卷调查法　　B. 关键事件法

C. 工作日志法　　D. 工作实践法

8. 要求分析人员、管理人员、本岗位员工将工作过程中的“关键事件”详细地加以记录，是工作分析中的（　　）。

A. 工作日志法　　B. 关键事件法　　C. 工作实践法　　D. 问卷调查法

9. 工作日志法与（　　）结合使用，效果较好。

A. 访谈法　　B. 工作任务法　　C. 关键事件法　　D. 工作实践法

10. 工作参与法只适用于（　　）。

A. 短期内可掌握的工作、专业性不是很强的职位

B. 有危险性的工作

C. 发展变化较快的企业

D. 关键事件

11. 外部环境对企业人力资源的影响因素不包括（　　）。

A. 国家的法律法规和政策　　B. 科学技术的迅猛发展

C. 企业间对优秀人才的竞争　　D. 员工流失率

12. 非正式组织对正式组织产生的积极作用不包括（　　）。

A. 非正式组织具有促进信息传递的机能

B. 非正式组织具有通过影响组织成员的协作意愿来维护正式组织内部团结的机能

C. 非正式组织具有保护个人人格和自尊心的机能

D. 非正式组织可以促使正式组织的完善

13. 适合于发展变化较快，或职位职责未定型的企业的工作分析方法是（　　）。

A. 问卷调查法　　B. 关键事件法

C. 工作日志法　　D. 工作实践法

14. 员工招聘和甄选可以给组织带来活力，这主要表现为对高层管理者和（　　）的成功招聘，可以为组织注入新的管理思想、新的工作模式，可能给组织带来技术上的重大革新，为组织增添新的活力。

A. 部门经理　　B. 技术人员　　C. 一线工人　　D. 人力资源管理者

15. 有效招聘就是指组织或招聘者在适宜的时间范围内采取适宜的方式实现人、（　　）、组织三者的最佳匹配。

A. 部门　　B. 团队　　C. 职位　　D. 管理者

16. 人员招聘有两项基础性工作——人力资源规划和（　　），这两项工作也是人力资源管理中的基础工作。

A. 岗位设置　　B. 工作分析　　C. 薪酬结构设置　　D. 招聘策略

17. 传统工作分析通过一系列的前期研究获得的结果包括岗位说明书和（　　）。

A. 工作规范　　B. 岗位设置　　C. 职能要求　　D. 薪酬结构水平

18. 对录用者进行体检是在（　　）阶段实施的工作。

A. 招募　　B. 甄选　　C. 录用　　D. 试用

19. 基于关键胜任力的行为性面试是（　　）、与工作相关的、侧重考察具体可衡量的胜任能力的。

A. 结构化的　　B. 半结构化的　　C. 非结构化的　　D. 探究性的

20. （　　）不是面试可以考察的。

A. 专业知识　　B. 反应能力与应变能力

C. 人际交往能力　　D. 心理特征

21. （　　）是上级主管和同事对应聘者的工作绩效所做的评定。

A. 压力面试　　B. 半结构化面试

C. 非结构化面试　　D. 鉴定性面试

22. （　　）不是常用的人员初选方式。

A. 推荐信　　B. 笔试　　C. 简历　　D. 背景调查

23. 选择招募学校和专业的决定性因素中，比重最大的是（　　）。

A. 在关键技能领域的声望

B. 学校的总体声望

C. 原来从该校聘用的员工的工作绩效

D. 先前的录用比例及就职比例

24. 保证招聘工作有效性的基本原则中，不包括（　　）。

A. 双向选择原则　　B. 公开公平竞争原则

C. 能岗匹配原则　　D. SMART 原则

25. 组织可以设计适用的申请表格式，内容一般不会包括（　　）。

A. 个人基本资料　　B. 教育背景
C. 工作经验　　D. 宗教信仰

26. 常见的背景调查的途径不包括（　　）。
A. 学校学籍管理部门　　B. 应聘者历任雇佣公司
C. 档案管理部门　　D. 应聘者的家人

27. 培训需求分析包括企业分析、工作分析和（　　）等层次。
A. 战略分析　　B. 课程分析　　C. 部门分析　　D. 个人分析

28. 企业的培训需求分析一般包括：调查现状①；预测企业未来的人力资源需求②；确定人力资源培训的项目和主要内容③；确定参加培训的总体人数④。其先后顺序是（　　）。
A. ①②③④　　B. ②①③④　　C. ③②①④　　D. ④①②③

29. 确定培训对象一般应当依据企业急需原则、关键性原则和（　　）。
A. 合理性原则　　B. 可行性原则　　C. 合适性原则　　D. 长远性原则

30. 技术短训班和管理知识技能短训班属于（　　）。
A. 员工在职培训　　B. 员工离岗培训
C. 员工入职培训　　D. 员工技能培训

31. 外单位培训属于（　　）。
A. 员工在职培训　　B. 员工离岗培训
C. 员工入职培训　　D. 员工技能培训

32. （　　）一般不宜使用角色扮演法进行培训。
A. 呼叫中心坐席　　B. 销售人员
C. 管理人员　　D. IT 工程师

33. 将员工轮换到另一个同等水平、技术要求接近的工作职位上工作，是（　　）培训方式。
A. 工作轮换　　B. 教练法　　C. 角色扮演法　　D. 行动学习

34. 给团队或工作群体一个实际工作中面临的问题，让团队队员合作解决并制订出行动计划，再由他们负责实施该计划的培训方式，是（　　）。
A. 工作轮换　　B. 教练法　　C. 角色扮演法　　D. 行动学习

35. 新员工培训开发的具体内容很广泛，主要可以归纳为公司规章制度、部门职责、（　　）等方面。
A. 薪酬介绍　　B. 企业文化　　C. 上下级关系　　D. 公司经营目标

36. 入职培训内容中的公司制度、政策及工作基础知识培训，不包括（　　）。
A. 组织结构与部门职责　　B. 产品及市场
C. 着装与化妆　　D. 岗位职责及能力

37. （　　）不是按培训内容进行分类的。

A. 员工知识培训　　　　　　B. 员工技能培训
C. 员工态度培训　　　　　　D. 员工在职培训

38. 培训开发风险的存在很大程度上降低了培训开发效果的回报。企业需要规避的培训开发中的风险包括（　　）。
A. 培训开发后员工的流失　　　　　　B. 培训教材的泄露
C. 培训师泄露企业业务情报　　　　　D. 培训现场发生伤害事故

39.（　　）不属于企业希望通过入职培训解决的新员工的特点或问题。
A. 工作中容易出现急躁、冒进情绪
B. 工作中容易出错
C. 关注自己能否被新的群体接纳
D. 不认识公司领导

40. 需要从多个维度或方面分析与评价绩效，是绩效的（　　）特点。
A. 多因性　　B. 动态性　　C. 多维性　　D. 静态性

41. 员工绩效的优劣并不取决于单一因素，而是受制于主、客观的多种因素，这是绩效的（　　）特点。
A. 多因性　　B. 动态性　　C. 多维性　　D. 静态性

42. 绩效管理是指各级管理者和员工为了达到组织目标共同参与的绩效计划制订、（　　）、绩效评价、绩效结果应用、绩效目标提升的持续循环过程。
A. 绩效核定　　　　　　B. 绩效辅导沟通
C. 工作方法讨论　　　　D. 绩效自评

43. 绩效管理的目的是持续提升（　　）、部门和组织的绩效。
A. 小组　　B. 团队　　C. 个人　　D. 企业

44. 注重结果评估和过程控制的平衡，对过程控制有实质有效的办法，有相对科学的方法来设定组织的绩效目标，能得到员工的理解和接受，是绩效管理的（　　）。
A. 激励性　　B. 目标性　　C. 可接受性　　D. 参与性

45. 在评估之前，先选出一个员工，以其各方面的工作表现为标准，对其他员工进行评估，是（　　）。
A. 简单排序法　　B. 间接排序法　　C. 配对比较法　　D. 人物比较法

46. 假设员工的绩效呈正态分布，评价者将工作小组中的成员分配到类似于一个正态分布的有限数量的类型中，是（　　）。
A. 简单排序法　　B. 间接排序法　　C. 配对比较法　　D. 强制分布法

47. 绩效评估前培训包括对管理人员的培训和（　　）。
A. 对人力资源工作人员的培训　　　　B. 对员工的培训
C. 对公司领导的培训　　　　　　　　D. 对评估者的培训

48. 按照统一的设计要求，依据有一定结构的问卷进行的比较正式的访谈，是（　　）。

A. 非结构访谈法　　B. 标准化访谈

C. 问卷法　　D. 他人反馈法

49. 绩效数据一般可分为定性绩效数据、定量绩效数据和（　　）。

A. 定时绩效数据　　B. 不定时绩效数据

C. 长期绩效数据　　D. 短期绩效数据

50. （　　）不是绩效的特性。

A. 多因性　　B. 动态性　　C. 多维性　　D. 易衡量性

51. 绩效管理系统是由绩效评估系统发展而来的，（　　）不属于绩效管理系统。

A. 绩效沟通　　B. 绩效评价

C. 绩效诊断与辅导　　D. 作业流程再造

52. （　　）不是企业绩效管理的信息数据来源。

A. 生产作业记录　　B. 定期检查记录

C. 关键事件记录　　D. 第三方数据导入

53. （　　）可以以货币或者非货币的形式出现。

A. 基本薪酬　　B. 可变薪酬　　C. 间接薪酬　　D. 直接薪酬

54. 劳动者得到的货币工资实际能够购买到的生活资料和服务（包括房租、水电、交通、教育等各项支出）的数量，叫作（　　）。

A. 货币工资　　B. 名义工资　　C. 实际工资　　D. 可支配工资

55. 与员工工作所取得的成绩或者工作效率直接挂钩的报酬，叫作（　　）。

A. 基本薪酬　　B. 可变薪酬　　C. 间接薪酬　　D. 直接薪酬

56. 失业金、养老金、午餐费、医疗费、退休金、利润分红、股权、期权、带薪休假、免费交通、廉价住房等，属于（　　）。

A. 基本薪酬　　B. 可变薪酬　　C. 间接薪酬　　D. 直接薪酬

57. 企业对员工为企业所做的贡献（包括他们实现的绩效、付出的努力、时间、学识、技能、经验与创造等）支付相应的回报，叫作（　　）。

A. 广义的薪酬　　B. 狭义的薪酬

C. 一般意义上的薪酬　　D. 货币薪酬

58. 广义的薪酬是企业给予员工的内在和外在回报的总和，其中内在回报不包括（　　）。

A. 较大的工作自主权　　B. 个人成长机会

C. 参与决策　　D. 员工申诉渠道

59. 企业自主福利不包括（　　）。

A. 机会性福利　　B. 优惠性福利　　C. 实物性福利　　D. 工作性福利

60. 企业薪酬统计指标主要包括工资总额和（　　）等。

A. 平均工资　　B. 工资分布
C. 最高与最低工资的倍率　　D. 员工名册

61. 按照国家有关规定，（　　）不属于工资总额。
A. 奖金　　B. 津贴和补贴
C. 加班工资　　D. 劳务工资

62. （　　）不是现代老年社会保障制度的基本模式。
A. 国家统筹保险模式　　B. 投保资助型养老保险模式
C. 自我保障模式　　D. 国家和商业结合保险模式

63. 失业保险金给付期限最长不超过（　　）个月。
A. 18　　B. 24　　C. 30　　D. 36

64. 用人单位依法安排劳动者在法定标准工作日时间以外延长工作时间的，按照不低于劳动合同规定的劳动者本人日或小时工资标准的（　　）支付劳动者工资。
A. 100%　　B. 150%　　C. 200%　　D. 300%

65. 用人单位依法安排劳动者在法定休假节日工作的，按照不低于劳动合同规定的劳动者本人日或小时工资标准的（　　）支付劳动者工资。
A. 100%　　B. 150%　　C. 200%　　D. 300%

66. （　　）不列入工资总额的范围。
A. 各种津贴和补贴
B. 过节费
C. 由单位从个人工资中直接为其代扣或代缴的个人所得税
D. 工会费

67. 一般规定年满（　　）周岁为法定就业年龄。
A. 16　　B. 18　　C. 20　　D. 22

68. 从事特种作业的人员必须年满（　　）周岁。
A. 16　　B. 18　　C. 20　　D. 22

69. 执业资格必须通过（　　）取得。
A. 学历认定　　B. 考试　　C. 单位评定　　D. 专家认定

70. 工作时间和休假的规定属于（　　）。
A. 劳动基准法　　B. 劳动关系法　　C. 劳动保障法　　D. 劳动行政法

71. 集体合同的规定属于（　　）。
A. 劳动基准法　　B. 劳动关系法　　C. 劳动保障法　　D. 劳动行政法

72. 法律对用人单位的经济性裁员从程序上作了一定限制，要求用人单位在决定裁员时，应提前（　　）日向工会或全体职工说明情况，听取工会或职工的意见。
A. 15　　B. 30　　C. 45　　D. 60

73. 劳动者在试用期内提前（　　）通知用人单位，可以解除劳动合同。

A. 3日　　B. 7日　　C. 2周　　D. 1个月

74. 经济补偿按劳动者在本单位工作的年限支付，六个月以上不满一年的，补偿劳动者（　　）个月工资。

A. 1　　B. 半　　C. 2　　D. 3

75. 关于非全日制用工劳动合同的订立，正确的是（　　）。

A. 必须是书面合同　　B. 可以是书面合同或者口头合同

C. 主要是口头合同　　D. 不用签订合同，是事实劳动关系

76. 上海用人单位应自招用之日起（　　）日内，向用人单位注册或经营所在地区劳动保障部门所属就业服务机构办妥招工备案手续。

A. 15　　B. 30　　C. 45　　D. 60

77. 关于劳动关系的表述，不正确的是（　　）。

A. 劳动关系是具有人身从属性的社会关系

B. 劳动关系双方的谈判力量不对等

C. 劳动关系是冲突与合作的统一

D. 劳动关系是受法律调整的行政隶属关系

78. 劳动法律内容不包括（　　）。

A. 劳动基准法　　B. 劳动关系法　　C. 劳动行政法　　D. 劳动调解法

79. 我国《劳动合同法》第42条规定即使在许可辞退的情形下也不得辞退的情形，（　　）不属于情形之一。

A. 从事接触职业病危害作业的劳动者未进行离岗前职业健康检查

B. 在本单位患职业病或者因工负伤并被确认丧失或者部分丧失劳动能力

C. 患病或者非因工负伤，在规定的医疗期内

D. 重大项目没有完工

80. 职业病危害的告知制度是指用人单位或其他单位，对可能产生职业病危害的作业场所或者设备、材料，应履行如实告知义务。告知方式不恰当的是（　　）。

A. 工作场所危害告知　　B. 设备、材料危害告知

C. 劳动合同告知　　D. 部门培训告知

三、多项选择题（下列每题的选项中，至少有2个是正确的，请将其代号填在括号内。每题1分，共10分）

1. 人力资源管理在企业中的地位和作用日益突出，主要表现在（　　）等方面。

A. 应对经济全球化和市场经济时代的不确定性给企业带来的冲击

B. 应对企业组织内部结构变化给企业带来的冲击

C. 应对企业管理方式变化给企业带来的冲击

D. 应对国家的法律法规和政策给企业经营管理带来的变化

E. 人力资源部在企业的权力越来越大

2. 交叉反馈法的优点包括（　　）。

A. 工作规范描述准确，可执行性强

B. 工作关系图、工作流程的描述相对清晰

C. 能够较好地与实际工作相吻合

D. 反馈周期较短

E. 成本低

3. 在人力资源管理中，对于员工的招聘与甄选应给予高度重视，它的意义包括确保录用人员的质量，提高组织工作绩效和提升核心竞争能力，（　　）等。

A. 给组织带来活力　　B. 保留人力资源，降低流动率

C. 提高组织知名度　　D. 促进合理流动，优化资源配置

E. 提高人力资源部在其他部门之间的威信

4. 校园招聘的主要招募方式包括（　　）。

A. 开展各种校园活动　　B. 让学生直接去组织中实习

C. 奖学金制度　　D. 联合办学

E. 网络招聘

5. 企业组织员工培训，可采用的方法包括授课法、参观访问法、（　　）。

A. 头脑风暴法　　B. 研讨会法　　C. 工作轮换法

D. 事务处理法　　E. 情景模拟法

6. 入职培训的意义包括（　　）等。

A. 减少新员工的压力及焦虑感

B. 帮助新员工尽快实现“组织社会化”

C. 有助于增进新员工对企业的认同感

D. 避免新员工成为企业内部的“自己人”

E. 了解正确的上下级关系

7. 绩效具有（　　）等特点。

A. 多因性　　B. 动态性　　C. 多维性

D. 多变性　　E. 量化性

8. 绩效信息收集的主要方法包括（　　）等。

A. 观察法　　B. 访谈法　　C. 问卷法

D. 他人反馈法　　E. 数据库报表法

9. 一般意义上的薪酬是指员工所获回报的总和，不仅包括各项货币性和实物性回报，还包括外在的非财务性回报，非财务性回报包括（　　）。

A. 办公室装潢　　B. 特定的停车位置

C. 喜欢的工作　　D. 保健计划

E. 经济补偿金

10. 通常劳动关系概念包含（　　）等方面。

A. 由劳动者个人与用人单位之间构成的个别劳动关系

B. 由工会为代表的劳动者与用人单位构成的集体劳动关系

C. 实现劳动过程中劳动者与劳动力使用者，以及相关的社会组织之间的社会经济关系

D. 为实现劳动过程而形成的一种社会关系

E. 企业与退休返聘人员形成的劳动关系

理论知识考试模拟试卷参考答案

一、判断题

1.√ 2.√ 3.√ 4.× 5.× 6.× 7.× 8.√ 9.√ 10.× 11.√ 12.√ 13.√ 14.√ 15.√ 16.× 17.× 18.× 19.√ 20.√ 21.√ 22.√ 23.× 24.× 25.× 26.√ 27.√ 28.√ 29.× 30.√ 31.√ 32.× 33.√ 34.× 35.√ 36.× 37.× 38.× 39.√ 40.√ 41.√ 42.√ 43.√ 44.√ 45.√ 46.√ 47.√ 48.√ 49.√ 50.√ 51.× 52.√ 53.× 54.√ 55.√ 56.× 57.× 58.√ 59.× 60.√ 61.√ 62.√ 63.× 64.√ 65.× 66.× 67.× 68.√ 69.× 70.√ 71.× 72.× 73.√ 74.√ 75.× 76.√ 77.× 78.√ 79.√ 80.√ 81.√ 82.× 83.× 84.× 85.√ 86.× 87.√ 88.√ 89.√ 90.√ 91.√ 92.× 93.× 94.× 95.√ 96.√ 97.× 98.× 99.√ 100.×

二、单项选择题

1.B 2.B 3.C 4.D 5.B 6.B 7.A 8.B 9.A 10.A 11.D 12.D 13.D 14.B 15.C 16.B 17.A 18.C 19.A 20.D 21.D 22.B 23.A 24.D 25.D 26.D 27.D 28.A 29.D 30.A 31.B 32.D 33.A 34.D 35.B 36.D 37.D 38.D 39.D 40.C 41.A 42.B 43.C 44.C 45.D 46.D 47.B 48.B 49.A 50.D 51.D 52.D 53.C 54.C 55.B 56.C 57.B 58.D 59.D 60.A 61.D 62.D 63.B 64.B 65.D 66.D 67.A 68.B 69.B 70.A 71.B 72.B 73.A 74.A 75.B 76.B 77.D 78.D 79.D 80.D

三、多项选择题

1.ABCD 2.ABC 3.ABCD 4.ABCD 5.ABCDE 6.ABC 7.ABC 8.ABCD 9.ABC 10.ABC

专业技能模拟试卷一

一、项目策划题一（25 分）

案例背景

天擎公司在完成一场分公司销售经理的培训后，又组织了一场对分公司销售主管的培训，培训由公司培训部门组织，培训主题为“赢在市场”，培训主管王营撰写了一封通知：

邮件如下：

收件人：张军　王辉　李德明　赵森　钱亚　孙冰　刘开彬

抄送：无

主题：培训通知

各位销售主管：

本次培训于 11 月 30 日至 12 月 4 日举行。请各位于 11 月 29 日到北京报到。具体报到地址：×××酒店（×路×号），门口设有专人接待。从北京西客站乘××路公交车到××站下车，或乘出租车（票价××元左右）到××，下车都可到达。

相关费用由各参加人员向所在公司报销。

请各位准时参加。

培训主管：王营

案例思考

1. 天擎公司的培训通知有哪些缺陷？（10 分）

2. 培训通知应包括哪些要素？（15 分）

二、项目策划题二（25 分）

案例背景

圣博公司是一家大型外资金融机构，每年会举办大型的校园招聘活动，从优秀大学生中招募管理培训生。今年美国总部决定加快在中国地区的网点布局，除了在社会上招聘有经验的工作人员，将加大应届毕业生管理培训生的招募，以满足公司业务扩张需求。因为公司人力资源部与各高校建立了长期合作关系，因此校园招聘效果比较理想。人力资源部从收到的简历中，筛选出 50 多名学生进入下一轮面试。

王小姐是人力资源部招聘经理，将负责组织对这 50 多名入选毕业生开展第二轮面试。

案例思考

1. 根据面试的结构化程度，大学生面试应采取哪种方法？简述该方法的特点。（10 分）

2. 组织这次面试活动应做哪些准备？（15 分）

三、案例分析题一（25 分）

案例背景

宏慧公司是一家 IT 信息科技公司。在成立初期，公司非常注重管理的规范化，制定了一套科学完善的薪酬管理制度，公司得到了较快的发展。随着规模的扩大，公司的经营业绩却不断下滑，客户的投诉也不断增加，员工的工作失去了往日的热情。特别是研发中心的多名技术人员和管理骨干先后离职，对于以技术差异化为核心优势的宏慧公司，更是雪上加霜。

公司经过对内部管理的深入了解和诊断，发现问题出在薪酬管理上。多年来，公司延续了创立之初的薪酬体系，平均主义痕迹明显，技术骨干员工的薪酬水平明显低于市场水平。另外，薪酬结构也不合理，固定工资比重很大。

针对具体问题，公司责成人力资源部尽快拿出方案。

案例思考

1. 核心员工流失的主要原因是什么？（10 分）

2. 如何优化薪酬体系？（15 分）

四、案例分析题二（25 分）

案例背景

海潮公司从一家小型计算机厂起家，经过几年的发展，成为一家年销售额达几千万元的中型企业。其组织结构为直线职能型形式。随着行业的技术创新和市场竞争的加剧，公司高层领导者确定了收购兼并、快速扩大规模的战略。2014 年，海潮公司兼并了一家经营遇到困难的电子设备厂，对其进行技术和设备改造，拟通过这家企业进入电信产品领域。

但在随后的一段经营过程中，各种人力资源管理问题日益显现出来。除了需要调整不合理的人员结构，企业在沟通合作上出现一系列问题。公司高层意识到原有的直线职能型不再适应公司业务发展需求。

问题：

1. 对海潮公司而言，直线职能型存在什么问题？（10 分）

2. 如果海潮公司采用事业部型组织结构，请阐述新结构的优缺点。（15 分）

专业技能模拟试卷一参考答案

一、项目策划题一

1. 天擎公司培训通知的缺陷（10分）

缺少抄送人（抄送培训人员上级经理）、培训内容、培训联系人、联系方式。

2. 培训通知的要素（15分）

（1）培训对象。

（2）培训内容。

（3）培训地点（并指明路线）。

（4）培训时间。

（5）培训联系人和联系电话。

二、项目策划题二

1. 大学生面试采取的方式和原因（10分）

大学生面试采取半结构化面试，半结构化面试结合结构化面试与非结构化面试的特点，形成对面试构成要素中有的内容做统一要求、有的内容不做统一要求的方式。半结构化面试的特点是简单、易组织，但也有一定的随意性，效度也不高。

2. 面试准备（15分）

（1）成立招聘面试小组。

（2）资料准备。

（3）面试场所的选择与布置。

（4）电话通知和筛选应聘者。

（5）面试评价量表和面试问话提纲的设计，提问方式选择。

三、案例分析题一

1. 核心员工流失的主要原因

（1）薪酬水平外部缺乏竞争性。（4分）

（2）内部公平性失衡，核心人员的价值没有体现。（3分）

（3）缺乏员工激励性，固定比例大，平均主义。（3分）

2. 优化薪酬体系的方式（15分）

公司需要重新设计薪酬体系。

（1）确定薪酬管理目标。

（2）选择薪酬政策。

（3）编制薪酬计划。

（4）设计薪酬结构，确定薪酬水平。

（5）薪酬预算、控制和评估。

四、案例分析题二

1. 直线职能型存在的问题（10 分）

（1）不同职能部门之间缺乏信息交流，意见不统一。

（2）缺乏全局观念，管理层协调复杂，工作量大。

2. 事业部型组织结构的优缺点。（15 分）

（1）优点

1）事业部型组织结构适用于跨行业产品类别、跨地区生产经营的公司。

2）企业高层可以摆脱日常事务，集中精力考虑企业经营和长远发展的战略。

3）各事业部自主性强，工作积极性高，有利于人才脱颖而出。

（2）缺点

1）公司职能部门与事业部之间经常会有矛盾。

2）事业部之间协作难度大。

专业技能模拟试卷二

一、项目策划题一（25 分）

案例背景

浦江科技公司是一家有十多年生产经验的通信传输类产品制造企业。目前公司处于战略转型期，产品链不断延伸，业务不断拓展，员工规模不断增长。随着员工人数和岗位种类的增加，员工培训成为人力资源部重要的工作之一。

公司为此成立了培训部门，小王是新任的培训专员。为了尽快提高员工技能，提升业绩，公司在前期调研的基础上，首先开展了一些管理类培训课程，采取课堂讲授形式。一个培训周期结束后，为了了解培训效果，人力资源部要求小王进行培训效果评估。小王设计了培训效果评估表，下发给各参加培训的学员，培训学员总体上没有提什么意见，培训也没有超预算，小王认为评估结果比较理想。但是半年后，总经理到各部门做调研，问起培训工作，大家普遍反映培训机会确实比以前多了，但感觉作用不大、效果有限。

案例思考

1. 浦江科技公司的培训效果评估工作存在什么问题？（12 分）

2. 企业培训效果的评估标准有哪些？（13 分）

二、项目策划题二（25 分）

案例背景

佳宝公司是一家集酒店餐饮用品展示、批发、零售、仓储、物流和服务为一体的股份制企业。近年来由于经营有方、发展迅速，公司需要招聘大量人员来满足业务需要。人力资源部在网上发布招聘信息，收到大量简历。对简历进行筛选后，人力资源部确定了 100 多人进入面试阶段。

由于招聘专员数量不足，人力资源部抽调了培训专员和薪酬专员组成面试小组，要求他们在 2 周内完成招聘工作。为了按时完成任务，面试小组在阅读候选人简历后，设计了面试评估表。评估表简单扼要，主要考察应聘目的和愿意选择的岗位类型，以便录用后能尽快定岗入职。另外，面试小组又口头商议了统一的面试问题。经过紧张工作，面试小组终于完成面试任务。1 个月后，各部门反映这次招聘来的人员素质参差不齐，面试评价与实际情况差异较大。

案例思考

1. 佳宝公司的招聘面试存在哪些问题？（8 分）

2. 要做好面试工作，应做好哪些准备工作？（17 分）

三、案例分析题一（25 分）

案例背景

美薇公司是一家专业从事服装加工的企业。随着公司的壮大和品牌知名度的提升，公司总经理感到人员管理问题越来越多，尤其是绩效评估方面，影响了员工的积极性，导致经营管理难度加大。

目前成衣车间采用的是计件制考核，绩效结果与奖金挂钩，即做一件衣服得 60 元奖金。但是最近问题越来越突出：一方面，老员工为了得到更多的奖金，赶数量而忽视质量，工作马虎，敷衍了事，返工件增多；另一方面，新员工虽然工作态度和工作努力程度都比较好，但是由于老员工不愿意传授经验，工作过程靠自己摸索，直接影响了生产的数量，质量也无法保证，每个月拿到的奖金也很少。老员工的排挤以及看不到发展前途等原因，导致新员工培训上岗后流失率很高。

案例思考

1. 成衣车间绩效评估工作有哪些不足？（9 分）

2. 绩效评估应包括哪些内容？（16 分）

四、案例分析题二（25 分）

案例背景

方明于 2016 年 6 月至上海乐佳公司应聘并被录用，担任中国地区销售部经理，双方签订了无固定期限劳动合同，双方劳动合同中约定试用期为 6 个月。

工作到第 5 个月时，公司总部的领导人员发生变动，新任总经理对方明的工作方式表示不满，认为他不具备销售部经理的能力。在 6 个月试用期即将结束时，方明突然收到了公司解除劳动合同的通知，理由是在试用期内，公司认为他不适合这份工作。对公司这样的解约，方明颇为不满，在多次交涉未果后，申请劳动争议仲裁。

案例思考

1. 乐佳公司解除与方明签订的劳动合同合法吗？为什么？（13 分）

2. 试用期内，什么情况下公司可以解除劳动合同？（12 分）

专业技能模拟试卷二参考答案

一、项目策划题一

1. 浦江科技公司培训效果评估工作存在的问题（12 分）

（1）没有针对培训目的进行评估。

（2）培训评估的标准不明确，缺乏对实际工作效果评估。

（3）培训评估方式过于单一。

2. 企业培训效果的评估标准（13 分）

（1）目的，是否达到培训目的。

（2）成本，培训成本如何，是否值得。

（3）效率，是否以最有效的方法达到目的，培训方法是否符合最经济原则。

（4）资源利用，用于培训的资源是否得到了最佳的分配。

二、项目策划题二

1. 佳宝公司招聘面试存在的问题（8 分）

（1）面试前没有阅读和分析岗位说明书，面试者对岗位要求不熟悉。

（2）面试小组的组建不合理，缺少用人部门参与，面试人员不专业。

（3）面试评定表设计不合理，缺乏岗位需要的关键评价要素和权重等。

（4）没有根据不同岗位的素质评价要素设计面试问题提纲。

2. 面试准备工作的内容（17 分）

（1）成立人员结构合理的招聘面试小组。

（2）准备面试资料，包括岗位说明书、应聘登记表与简历、前几轮测试记录等。

（3）选择面试场地并进行布置。

（4）电话通知和筛选应聘者。

（5）设计面试评价量表和面试问题提纲。

三、案例分析题一

1. 美薇公司成衣车间绩效评估工作的不足（9 分）

（1）公司绩效评估整体设计不合理，应结合部门绩效，建立不同对象的绩效评估要求。

（2）成衣车间员工的绩效评估内容不全面，采用计件制，只重视生产数量，导致老员工只关注个人生产数量，缺乏对新员工指导。员工的考评内容除了生产数量外，应增加生产质量的评估、态度评估、能力评估等内容。

2. 绩效评估应包括的内容（16 分）

（1）业绩评估。

（2）能力评估。

（3）态度评估。

（4）潜力评估。

四、案例分析题二

1. 乐佳公司与方明解除劳动合同是否合法及其原因（13 分）

（1）公司解除与方明的劳动合同不合法。

（2）根据《劳动合同法》的规定，用人单位只有证明劳动者不符合用人条件时才能行使随时解除劳动合同的权利，但案例中公司并没有明确试用期的考核标准，并证明其在试用期不能胜任工作，仅因领导主观认为不胜任就随意解除劳动合同不合法。

2. 试用期内，公司可以解除劳动合同的情形（12 分）

（1）在试用期间被证明不符合录用条件。

（2）严重违反用人单位的规章制度。

（3）严重失职，营私舞弊，给用人单位造成重大损害。

（4）劳动者同时与其他用人单位建立劳动关系，对完成本单位的工作任务造成严重影响，或者经用人单位提出，拒不改正。

（5）因劳动合同法规定的情形致使劳动合同无效。

（6）被依法追究刑事责任。